银元收藏与鉴赏

上册

刘士勋 著

学苑出版社

图书在版编目（CIP）数据

银元收藏与鉴赏 / 刘士勋著. -- 北京：学苑出版社, 2024.1

ISBN 978-7-5077-6863-3

Ⅰ.①银… Ⅱ.①刘… Ⅲ.①银元—收藏②银元—鉴赏 Ⅳ.①G262.2②F822.9

中国国家版本馆CIP数据核字(2024)第035563号

出 版 人：	洪文雄
责任编辑：	周　鼎
出版发行：	学苑出版社
社　　址：	北京市丰台区南方庄2号院1号楼
邮政编码：	100079
网　　址：	www.book001.com
电子邮箱：	xueyuanpress@163.com
联系电话：	010-67601101（销售部）、010-67603091（总编室）
印 刷 厂：	水印书香（唐山）印务有限公司
开本尺寸：	710 mm×1000 mm　1/16
印　　张：	32
字　　数：	413千字（图883幅）
版　　次：	2024年7月第1版
印　　次：	2024年7月第1次印刷
定　　价：	360.00元（全二册）

前言

虽然我国不是世界上的金银主产国，然而黄金、白银的贵金属财富价值早在先秦时期即已经为国人所知。秦统一中国后，法定黄金为货币，与半两钱并行。然而，黄金货币化的进程在进入两汉后突然中断，黄金退出了流通领域。而自唐朝中叶以来，由于国内商品货币经济的高度发达，大宗交易的支付手段严重缺乏，贵金属白银又开始呈现出正式进入流通领域的趋势，但这一过程十分曲折且缓慢。唐代解决缺乏大宗交易支付手段难题的主要措施是"钱帛兼行"。然而，绢帛作为币材有其天然的缺陷。进入北宋以后，绢帛不得不逐渐淡出流通领域。

两宋时期，白银的使用范围和数额有了不断扩大的趋势，政府开支军费、赈灾和赏赐等多大量使用白银，民间的往来交易也较多用银的例子。流通中的白银多铸成铤状，也俗称"锭"，两端呈弧形，中部束腰，多有铭文，记重量、地名、用途、官吏、工匠等规定的内容。

最早流入我国的银元是16世纪中叶由西班牙商人带来的西班牙银元，在我国的福州、厦门以及台湾、广东沿海地区流通较广，以后墨西哥、美国、越南、日本等国银元才逐渐流入。我国早期的银元即是仿照外国银元铸造的。

官铸银元是从清光绪十五年（1889）开始铸造的，次年流通于市场。此前的银元均为地方及私人所铸，成色、重量都不一致，因为不是政府明令许可，所以没有得到广泛流通。

光绪十五年所铸造银元为龙洋，一面铸龙纹，一面铸"光绪元宝"四字，由广东省铸造。此为官铸银元的开端，也是龙洋的起源。后于光绪二十一年（1895），湖北、天津、四川、重庆等地竞相铸造银元。各地不受清廷直接管辖，致使龙洋品种繁多，品质优劣不一。光绪二十五年（1899），终因各省设局铸造银元，成色、重量参差不一，造成流通使用上的困难，乃规定各省使用银元，统一由湖北、广东两省铸造。光绪二十七年（1901），又兼铸小银元以便使用。为再次统一起见，光绪二十九年（1903）在天津设造币总厂，光绪三十一年（1905）落成，并在直隶、江苏、广东、湖北设分厂，由总厂发给模型，规定成色、重量、花纹，以求一致。[1]

光绪三十一年（1905），将银元单位由元改两，曾铸造大清银元，重一两，成色为足银（实际成色为98.5%）。宣统元年（1909），又改铸大清银元一元、五角、二角五分、一角四种。

---

[1] 本书使用地名等均用铸币时地名（省份），不再括注今地名。

龙洋虽然种类繁多,但是屡经淘汰,现仅存数种,常见的多是光绪年间在广东、湖北、江南造币厂及北洋造币厂铸造的光绪元宝及宣统年间所铸的大清银元。时称民国以来所铸造的银元为新币,清朝所铸的银元为旧币。

辛亥革命以后,又出现了袁币(刻有袁世凯像的银元)与孙币(刻有孙中山像的银元),此外还有诸如共和国纪念币、黎元洪开国纪念币、徐世昌纪念币、段祺瑞纪念币、曹锟纪念币等新币,因种种原因它们均未普遍流通于市场。

1914年所铸袁币,重为库平七钱二分,成色原定为90%,含银重量为库平0.648两,由天津造币总厂铸造。因为旧币改新币(龙洋改袁头)损失过大,所以将成色由90%降为89%,以补助铸造经费。此后,南京、广东自1927年国民政府迁都南京后,改用孙中山开国纪念模型铸造新币。正面为孙中山先生肖像,背面则外绕英文,中间书面值"一元"。

1933年国民党政府废两改元,并公布《银本位币铸造条例草案》,此后所铸的面孙中山像、背双帆船银元是全国统一的国币。1935年停铸,1949年又恢复银本位,复铸银元,但不久国民党政权溃逃至我国台湾,铸造银元终止。

银元虽然流通历史很短,但是对我国货币的发生、发展所产生的影响不可小视,且有着较高的艺术价值,因此对研究我国的货币有着重要的作用。银元收藏是一种品位高雅和充满情趣的活动。要收藏就得有资金投入,一旦资金投入就得讲究回报。要得到高额回报,就得研究银元的收藏价值和升值空间。因而,探索研究银元的价值和价格就成为银元收藏和投资的首要问题。真正了解掌握银元的价值所在，才能使收藏与投资殊途同归并良性循环，才能使收藏者和投资者得到精神享受和物质回报的双重满足。

为了更好地帮助广大银元收藏爱好者，我们经过精心的市场调研和收集整理工作，并聘请国内相关的专业研究人士和市场从业人员编写了《银元收藏与鉴赏》这本专题读本，以期能够更好地为银元收藏爱好者提供更专业、更系统、更全面的知识储备，减少大家"沙里淘金"的时间。全书共分九章：第一章，银元制度的历史地位和缺陷；第二章，清代以前的银元；第三章，清代及其以后的银元；第四章，银元发展的几个重要阶段；第五章，外国银元的种类及特征；第六章，中国银元的种类及特征；第七章，银元市场现状；第八章，银元收藏要点与保养技巧；第九章，银元的收藏与投资。

本书知识新颖，内容丰富，分类科学，图片精美，装帧典雅，具有较强的科学性、可读性和实用性。本书适用于广大银元收藏爱好者、钱币及古玩收藏爱好者、传统文化爱好者、国内外各类型拍卖公司的从业人员阅读，也可供广大中学、大学历史教师和学生学习参考，还可作为各级各类图书馆和拍卖公司备选之用。

编 者

目录

上册

上篇　历史渊源……………………………………1

第一章
银元制度的历史地位和缺陷……………………………2

一　银元制度的历史地位……………………………………2
二　银元制度的缺陷…………………………………………11

第二章
清代以前的银元………………………………………18

一　银元概述…………………………………………………18
二　战国及战国以前的银元…………………………………21
三　秦代银元…………………………………………………22
四　汉代银元…………………………………………………22
五　魏晋至隋代银元…………………………………………22
六　唐代至五代银元…………………………………………23

七　宋代银元 25

　　八　金代银元 28

　　九　元代银元 29

　　十　明代银元 32

第三章
清代及其以后的银元 34

　　一　清代银元 34

　　二　民国银元 42

第四章
银元发展的几个重要阶段 56

　　一　第一阶段：外国银元流入中国 56

　　二　第二阶段：仿铸 59

　　三　第三阶段：乾隆宝藏 61

　　四　第四阶段：大清银元和龙洋 63

　　五　第五阶段：银辅币 75

　　六　第六阶段：袁头币和孙像币 77

中篇　种类特征 89

第五章
外国银元的种类及特征 90

　　一　外国银元概况 90

二　外国银元的种类及特征 113

第六章
中国银元的种类及特征 **159**
　　一　不同时期中国银元主要概况 159
　　二　各省铸币概况 186

下册

下篇　收藏投资 **377**

第七章
银元市场现状 **378**
　　一　旧银元的价值 378
　　二　旧银元的价格 383

第八章
银元收藏要点与保养技巧 **390**
　　一　银元收藏要点 390
　　二　银元的保养技巧 402

第九章
银元的收藏与投资 **404**
　　一　银元收藏投资特点 404

  二 外国银元的收藏投资 414
  三 清代银元的收藏投资 419
  四 民国银元的收藏投资 435

附录 476
  附一 银元收兑标准 476
  附二 银元演变沿革表 477
  附三 各种银元成色重量比较表 478
  附四 清末货币结构分析图 480
  附五 银元的重量及成色 481
  附六 名词术语 487

参考书目 494
后 记 496

上篇 历史渊源

我国银元制度是在旧中国半封建半殖民地化的进程中，在同封建保守势力的艰苦斗争中逐渐确立起来的。我国银元制度的确立，标志着具有资本主义性质的新币制取代了封建性质的旧币制，同时也表明了封建保守势力在币制问题上阻碍了社会经济的发展，深刻地揭露了帝国主义对中国进行经济侵略的一个侧面。自从法定的中国银元诞生以后，其流通范围迅速遍及全国各地。在当时社会经济的形势下，银元制度与银两及制钱制度相比较，还是一种比较进步的币制。自铸银元，符合广大人民强烈要求抵制洋钱的愿望，顺应当时社会经济发展的客观需要，在当时的国内市场上发挥了一定的积极作用。

第一章
银元制度的历史地位和缺陷

一 银元制度的历史地位

我国的银元制度是在半封建半殖民地的旧中国和与封建保守势力的艰苦斗争的背景下，逐渐确立起来的。银元制度的确立，不但标志着资本主义性质的新币制取代了封建性质的旧币制，而且说明了封建经济阻碍了中国社会的发展，还从另一个侧面揭露了帝国主义对中国经济的侵略。

中国银元被当时政府作为法定的货币后，其流通范围迅速遍及全国各地。银元制度的确立，是比历史上银两制度和制钱制度的确立更进步的币制改革。又因为当时广大人民强烈抵制洋钱，所以政府自铸银元，顺应当时社会经济发展的客观需要，在当时的国内市场上发挥了一定的积极作用。中国银元制度的确立，使中国银元以很快的速度排斥了外国银元在中国的势力，同时使银两制度也逐渐被代替，中国货币跨上了现代币制的新的阶梯，促进了中国社会经济的积极转变。

吉林省造光绪元宝库平三钱六分银元
　　直径33.5毫米　重量26.5克

四川省造光绪元宝库平七钱二分银元
　　直径39.7毫米　重量27克

广东省造光绪元宝库平七钱四分四厘银元

湖北省造光绪元宝库平七分二厘银元

江南省造（戊戌）光绪元宝库平七钱二分银元
　直径39.9毫米　重量26.8克

江南省造（戊戌）光绪元宝库平七钱二分银元
　直径39.6毫米　重量26.8克

江南省造（戊戌）光绪元宝库平七钱二分银元
　　直径39.5毫米　重量26.8克

江南省造（戊戌）光绪元宝库平七钱二分银元
　　直径39.6毫米　重量26.8克

上篇　历史渊源

江南省造（戊戌）光绪元宝库平七钱二分银元
　　直径39.4毫米　重量26.8克

宣统三年大清银元（长须龙）
　　直径39.1毫米　重量26.8克　2级

江南省造（戊戌）光绪元宝库平七钱二分银元
　　直径16.0毫米　重量1.4克　8级

江南省造（戊戌）光绪元宝库平七钱二分银元
　　直径39.5毫米　重量26.9克

台湾制造光绪元宝库平七分二厘银元

北洋机器局造光绪二十四年银元

安徽省造光绪元宝库平一钱四分四厘银元
　　直径23.8毫克　重量5.3克

二　银元制度的缺陷

1. 始终没能确立完整统一的银本位制

自银元制度确立后，尽管历届政府不断地颁布相关的法律和条令，三令五申，确定法定银元为本位币，而在实际上并没有得到实现。从清王朝到国民党统治这段时期，银元分别由中央和地方铸造，从来没有真正地统一集中过。这致使银元成色、重量不一，市价纷乱复杂，极不稳定。钱商从中投机倒把，牟取暴利，使政府和老百姓深受其害。

2. 银元币值不稳定

在半封建半殖民地的社会历史条件下，帝国主义的金融侵略和政治压迫，使中国的银元制度也难逃厄运。在当时的中国金融市场，中国的银元根本没有独立自主性。因为它的价格不但操纵在在华外商银行手里，而且还受到世界银价涨落的牵连。这就导致了银元币值的不稳定性。

3. 被权力竞争所左右

在封建社会里，经济制度的制定和实施都会受到旧政治体制的制约，这和银元的发展是一样的。从清朝开始，对于银元制度中存在的问题，历届政府争论不休，最终也没有制订出解决的方案。比如，清末关于银元单位问题的争论，实质上只是帝党和后党两股新旧势力的权力之争，双方根本无暇顾及银元制度的完善。到了民国时期，发展为对银元本位问题的争论。这一时期，各方军阀为争夺各自的利益，相互混战，致使银元制度的问题得不到解决。中国的银元也逐渐在世界经济潮流的冲击下没落了。

安徽省造光绪元宝库平一钱四分四厘银元
直径23.7毫米　重量5.4克

湖南省造光绪元宝库平一钱四分四厘银元
直径23.5毫米　重量5.3克

民国九年造袁世凯像一元银元
　　直径38.9毫米　重26.8克

民国十七年甘肃省造孙中山像一元银元
直径38.7毫米 重量26.7克

民国二十六年冀东政府造一角银元

民国二十六年冀东政府造一角银元

民国二十六年冀东政府造二角银元

民国二十六年冀东政府造五分银元

民国二十六年冀东政府造一角银元

第二章
清代以前的银元

一 银元概述

　　白银和黄金不但具有质地稳定均匀、便于切割、易保存、色泽美丽、不易锈蚀的特点，而且还有较高的价值和一定的使用价值，因而适于充当货币。古人曾把黄金比作太阳，把白银比作月亮，并赋予它们某种神秘的力量。大约在原始社会晚期，白银和黄金就承担起一般等价物的职能。用白银铸币和黄金铸币时间大体上也差不多。中国的银质货币分为银两和银元两种。银两是中国古代的称量货币，先要检验其成色，称定其重量，确定其价值，方可作为货币使用。由于时代不同，其形制和规格不一，形状主要有棒形（铤）、圆饼形、扁平形（铤）、马蹄形、船形、秤锤形等。宋代以前多称为铤，宋时改称为锭，元以后总称为元宝。银元为近代仿制外国银元的产物，本书所要介绍给广大读者朋友的内容正是银元。

东汉　光和四年银铤

唐代　信安郡银铤

二 战国及战国以前的银元

据大量史料记载，具有一定形状的银铸货币最晚出现在春秋战国时期。当时的楚国已经使用圆饼形的银铸币。这点可以从湖北江陵楚墓出土的外包金银箔铅饼的殉葬冥币得到证实。1974年，在河北战国时期中山国遗址中，考古工作者发掘出4枚银质贝币。同年，在河南省扶沟县古城村出土了18块银布币，都是春秋战国时期的楚国银铸货币。其中1块是空首布，其余17块是平首布。而发掘报告也鉴定出："空首银布币的时代，至迟为春秋中期，短型实首银布币稍晚于空首银布币，可能为春秋晚期的货币。中型与长型银布币的时代可能为战国初期。"

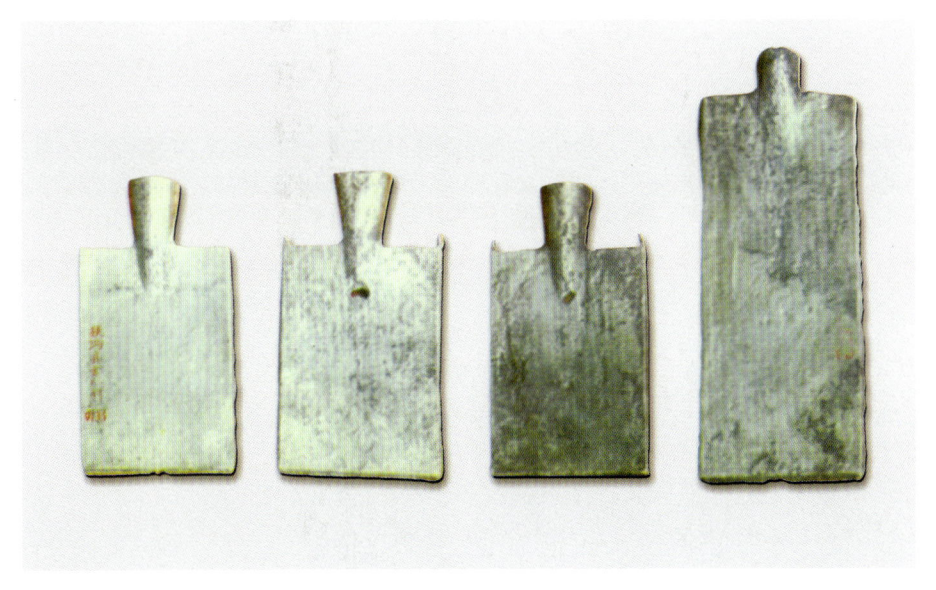

河南扶沟出土的银布币

三　秦代银元

秦始皇统一中国以后，规定银元不能再作为货币使用，也因此打断了银货币的正常演化进程。所以，秦朝的银质货币发展是一片空白，迄今为止，也没有发现秦代的银元。

四　汉代银元

西汉时期，银元多用于和外国通商、赏赐、租税、赎罪和珍藏。从最早的官方文献中，法定银元的确定是在汉武帝元狩四年（前119）铸造的白金三品，币材是银锡合金，质色纯白。第一种叫作"白选"，每枚价值相当于四铢半两铜钱三千文，为圆形龙币，上有龙纹，重八两；第二种是价值为五百文，为方形马币，上有马纹，重六两；最后一种是"虚币"，价值为三百文，为椭圆形龟币，龟甲为币纹，重四两，但很快就被废止了。在西汉末年，王莽于居摄二年（7）开始实行币制改革，发行了"银货"二品："普通银"每流八两，值钱一千文；"朱提银"每流一两，值钱一千五百八十文。

五　魏晋至隋代银元

在南北朝晚期的内地贸易中，银元的使用范围越来越广，主要用于大额的支付。这个时期的银两主要有银铤、银饼等。1955年，在南京光

汉武帝铸行的"白金三品"图

华门外黄家营5号六朝墓出土了银五铢2枚，是根据铜钱仿制而成的，或许并不用于流通。

六 唐代至五代银元

从唐朝至五代的这一时期，白银已经逐渐进入流通领域。这一时期的进俸、租税、赎罪、岁计、军费、官俸、馈赠、赏赐、债务、赈恤救灾、布施斋僧等，都是用白银来支付的。除此之外，岭南交广地区，"买卖皆以银"，足以说明白银使用范围越来越广。像饼形、钣形、笏形、笋形、船形银铤等银两的形式都是在这一时期出现的。1970年，在西安何家村唐代窖藏出土了洊安庸调银饼等和上贡性质银两，除此之外还出土了421枚银质"开元通宝"，在当时可能还不是通货。1956年，在陕西西安大明宫又出土了苗奉倩、杨国忠进奉的五十两大银铤。1962年，陕西蓝田县关村庙还发现一块"壹铤重贰拾两"的小银铤。这些银铤多在面、背刻凿阴文，内容是进贡人的姓名、官衔、年份及事由等。

唐代　开元通宝
直径25毫米　重量4.5克

唐代　大历通宝

七　宋代银元

两宋时期，除了政府大量使用白银，用于支付军费、赏赐和赈灾以外，民间的贸易往来也逐渐有使用白银的例子。随着白银使用范围和数额的不断扩大，白银的形状也是颇有讲究的。流通中的白银多铸成铤状，俗称"锭"，两端呈弧形，中部束腰，上面还刻有铭文，记重量、地名、用途、官吏、工匠等规定的内容。当时的银元已成为国家法定货币之一，它不但在民间和政府中普遍使用，而且也可以作为当时的纸币兑现基金，通行全国，不受区域的限制。但是，白银的价值尺度和流通手段这两种基本职能并没有充分体现。宋代白银的形式也是多样化的，最普通的是锭，分为大小几种。大锭重五十两，两端多呈弧状，束腰形，上錾文字，记有地名、用途、重量、官吏、匠人姓名等。小锭有二十五两、十二两许、七两许、三两许等规格，重量不一。宋代的大银锭出土比较多，1955年，在湖北黄石市石寨山出土了293件，大小不等，重量总计约3400两。1958年，在内蒙古自治区昭乌达盟巴林左旗出土了5件。其中较完整的1件长约140毫米，两端宽83～95毫米，腰宽52毫米。1994年10月，在江苏赣榆县博物馆征集到1件两端呈圆弧形、束腰，正面上端宽约95毫米，下端宽约93毫米，束腰处55毫米，厚20毫米，通长150毫米，重约2000克的南宋银铤。

除此之外，宋代宫廷还铸造许多用于其他方面的金银钱。比如，冥钱、赏钱、娶亲时的撒帐钱、洗儿钱等，属于此类的有湖南长沙出土的"庆元通宝"银钱及传世的"太平通宝"银钱等。

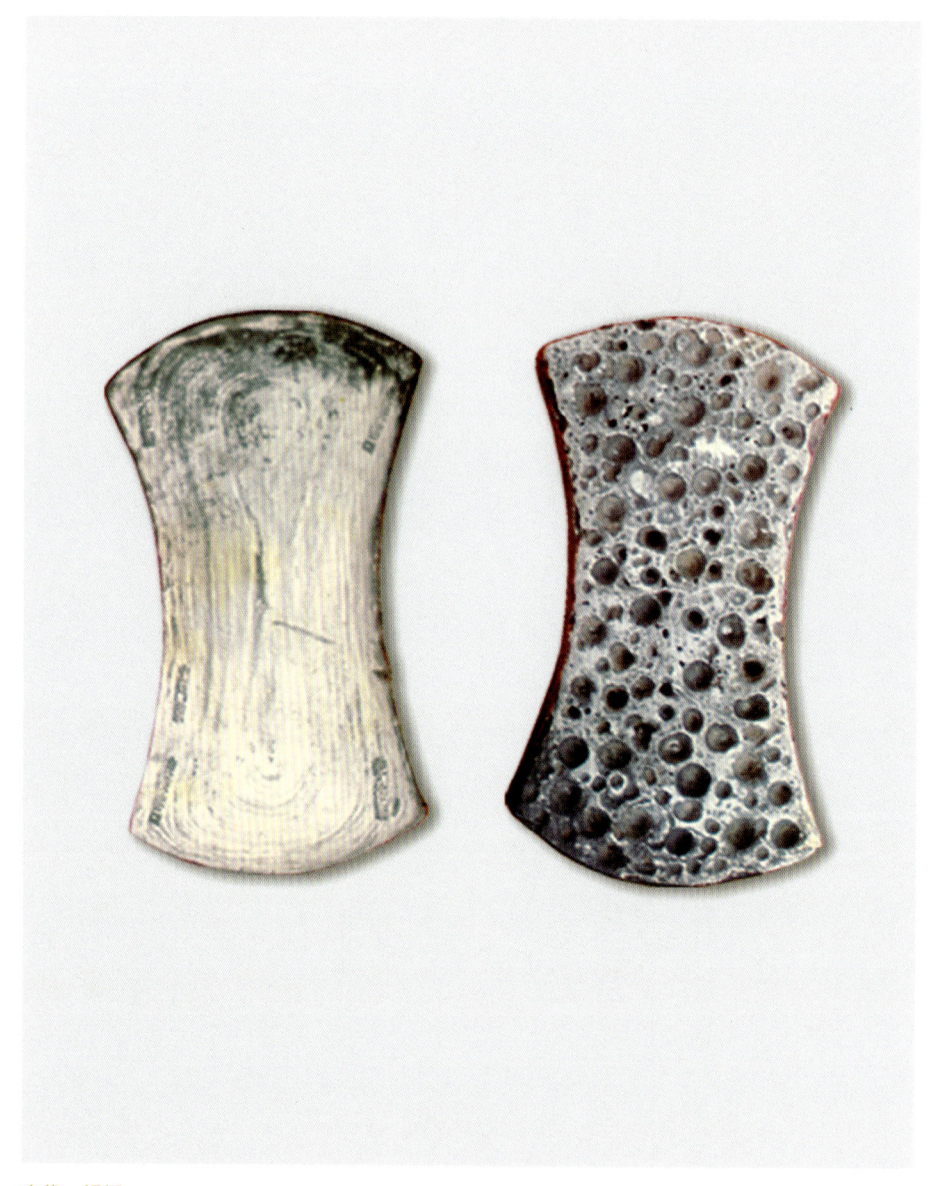

宋代　银铤
　　长122毫米　肩宽71毫米　腰宽51毫米　厚15毫米　重98克

上篇　历史渊源

北宋　政和通宝
　　直径30.2毫米　重量8.4克

北宋　崇宁元宝
　　直径22毫米

南宋　绍定万岁
　　直径23.2毫米　重3.2克

南宋　太平通宝

27

八　金代银元

在金代，银元划分得更为细致。中国拥有法定计数银元，始于章宗承安二年（1197）按照一至十两分为五等，每两折钱二贯的标准铸造的"承安宝货"银元。在民间也多以银论价和进行交易。1981年和1985年黑龙江省先后发现了5枚金代的面值均为一两半，重59.3克，字迹、库部押记及形制几乎完全相同的"承安宝货"银锭。此外，还发现过正隆、大定、泰和年间的银锭。

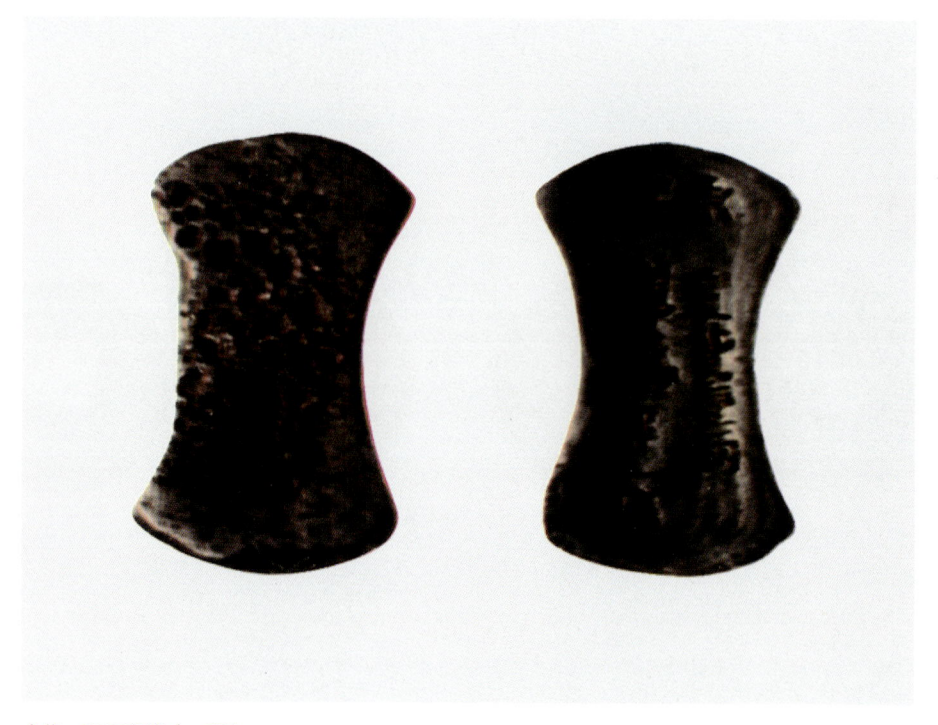

金代　承安宝货（一两）
长43毫米　重40.2克

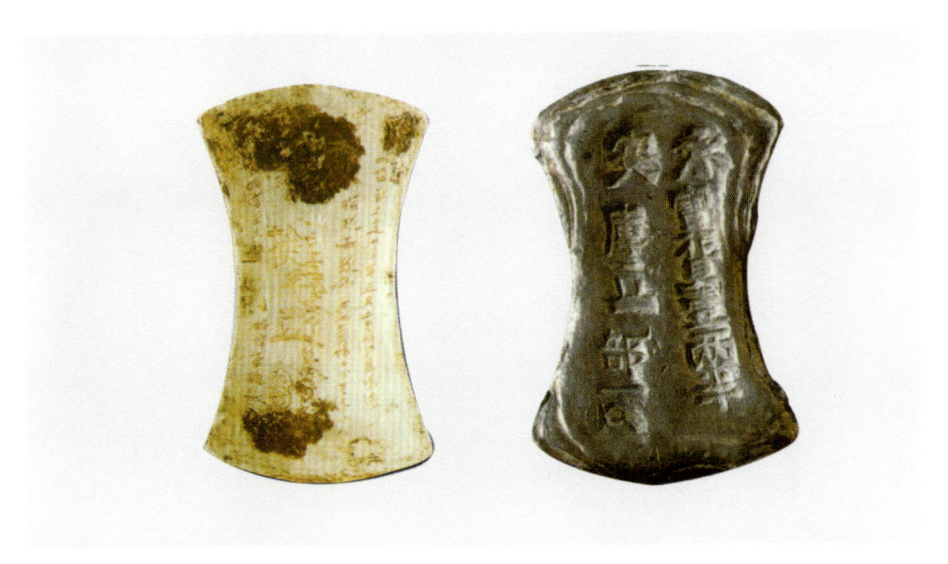

金代银铤

九　元代银元

到了元代，白银作为货币，作用日益重要。它不仅用于借贷、爵赏、俸饷、劳务报酬、赐功、大宗交易及税收，而且也用来表示其物价和充作发行纸钞的准备金，以银为本位。在这一时期，白银的形式还是以锭为主，呈扁平砝码状，大的为五十两，上面多阴刻有地名、监纳、库使、库副、提举司、秤子、银匠等内容。银锭不但成为元代民间的通货之一，而且已经确立货币地位。至元三年（1266）开始将银锭称为"元宝"。另外，元代还铸造过其他用途的银钱。例如"大朝通宝""至元通宝""元贞通宝"银钱及一种寺庙所用的供养钱等。

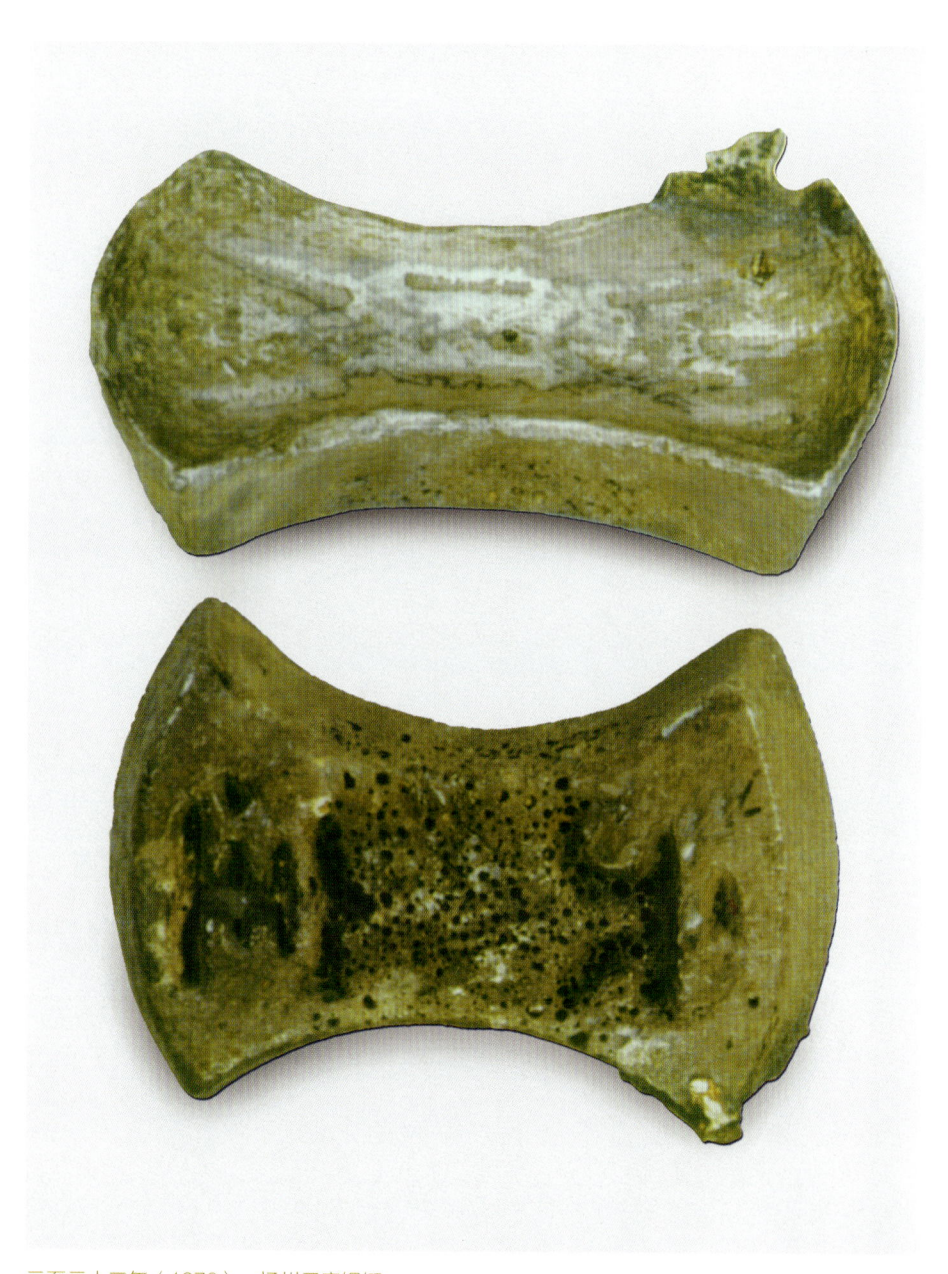

元至元十三年（1276） 扬州元宝银铤

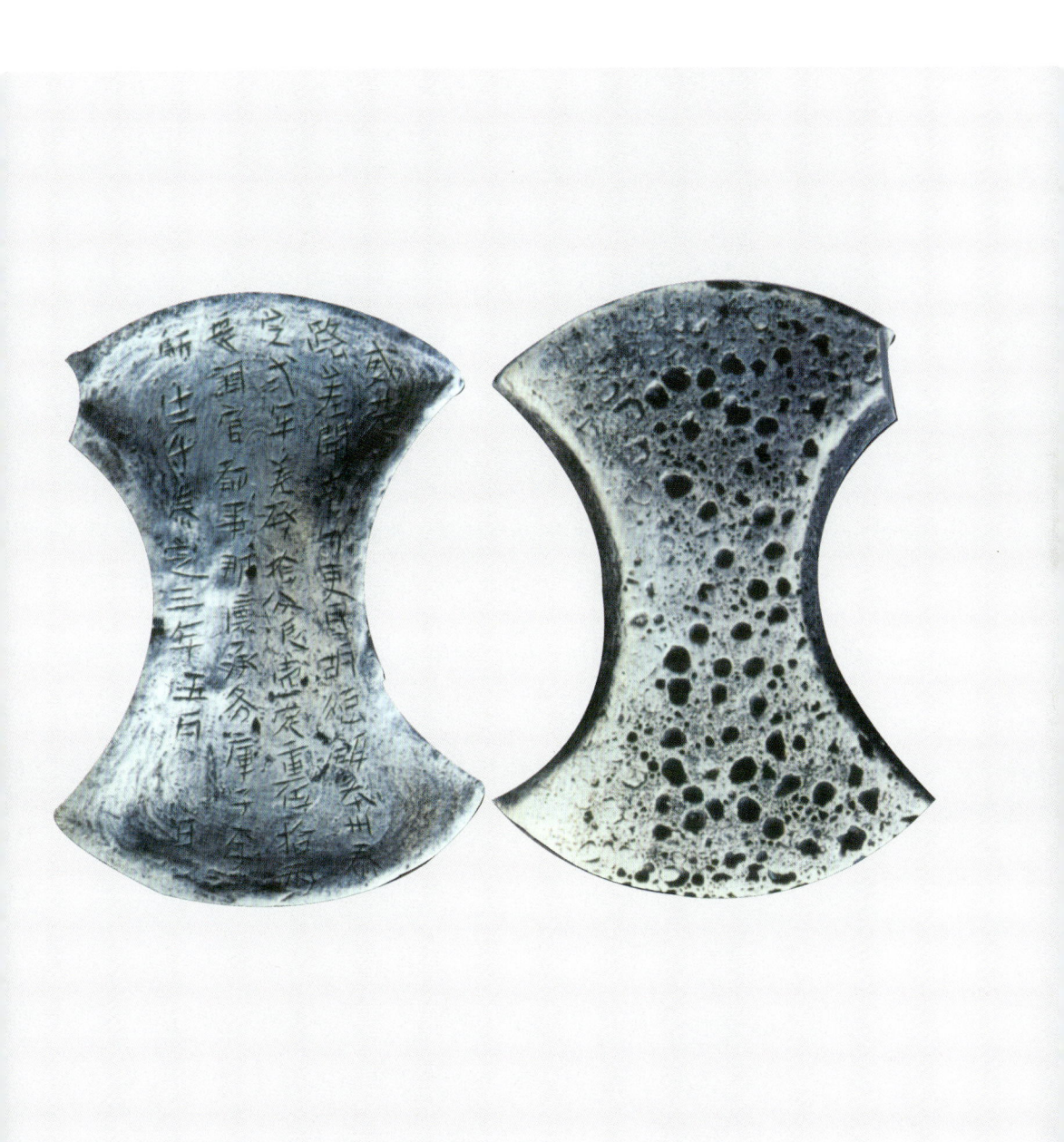

元泰定三年（1326） 威楚路差役银锭

元代　太原路银铤

十　明代银元

直到明英宗即位（1436）后，白银的两个基本货币职能才得以体现出来。到明嘉靖年间，白银已经广泛用于田税、徭役、盐税、商税、关税和官俸、国库开支、其他税收等。明代后期，白银不但排挤了纸币，而且开始取代铜钱。它已经普遍被使用，并成为流通中的主要货币。在明代，形成了以银货币为主、以铜钱为辅的银、铜并行的货币制度格局。明代铸造银元的重量与形式是有一定的讲究的。像最大的锭重为五百两，一般的元宝重为五十两；大锭上都铸刻铸造地名、重量及工匠姓名，小锭上有时还铸刻年号及地名的形式。但在那个时期，白银仍以银锭为主，还有各种小银锭和碎银两。另外，明代还铸有大小不同的银钱，这从出土的"永乐通宝""万历通宝""天启通宝"以及万历年间的各种"矿银"等可以得到证实。明代的各种大小银锭，传世和出土的有很多。

明代　大明嘉靖甲辰银作局五两银锭
长70毫米　重18.5克

第三章
清代及其以后的银元

一　清代银元

　　公元15世纪，随着东西方新航路的开辟，海上的交通逐渐发达，东西方贸易往来日益频繁，外国银元开始源源不断地流入中国。到了18世纪末和19世纪初时，中国开关政策的实施，使外贸日益繁盛。而中国旧的银两币制存在形式和种类不一、名称过于复杂、成色高低不等、砝码大小不一，称量、定色及计算困难复杂等不足，遂逐渐成为商品交易中迫切需要解决的问题。银元由于形制和名称比较简单统一、计算和携带很方便、成色和重量标准易于接受的特点，适应了当时商品交易的需求。因此，当时墨西哥、荷兰、葡萄牙、美国、日本等国家或地区的银元很快流入中国的市场。不但种类多，而且流通范围也在逐步扩大。据统计，至1910年，外国银元在华流通的数量超过15种，价值高达11亿元。外商用成色约90%和重七钱二分的银元，和中国成色93.5%和重一两的白银进行等量交换。再加上鸦片战争之后，西方列强对中国鸦片贸易的剧增，导致中国巨额白银外流，银价暴涨，对外贸易出超严重，危及国计民生。西方列强已经把银元作为控制当时中国政治经济与财政金融的一种重要工具。当时，中国有识之士对于当时中国币制和货币流通混乱不堪的局面，忧心如焚，纷纷提出改革旧银两币制。由中央政府统一铸造银元，以"维主权，存正朔，收利权，塞漏卮"，在一定程度上能够阻截白银外流，同时也限制洋银在国内的流通，有利于国家经济的恢复和发展。

清乾隆五十七年（1792），开始出现了中国官铸银元的尝试。当时清政府为了取代长期流通于西藏地区的廓尔喀（尼泊尔）劣质银元，就行令西藏地方政府，由中央政府驻藏大臣监督，铸造地区性流通货币——"乾隆宝藏"。而且在次年，清政府正式颁布《钦定藏内善后章程》，特规定可就地铸造统一官钱，并对新铸官钱式样、成色、折算比价等项做了详细的规定；另外，还专立"钱法"一章，明令设在西藏铸钱局（宝藏局）。作为中国历史上首枚形制、重量、成色等皆由中央政府严格督造的银元，"乾隆宝藏"的铸造不仅是中国近代官铸仿铸外国银元的先例，也说明了西藏是中国神圣领土不可分割的一部分。

民间仿造内地的银元，以此盛名的有：清道光年间，我国台湾省自铸寿星像府库军饷银饼、如意银饼、笔宝银饼，福建省所铸漳州军饷银饼等。

据史料记载，清光绪十年（1884），当时的吉林将军希之曾奏请清廷："该省欠缺制钱，私商钱铺所发钱票流通于市，造成银价增昂，物价上涨。"所以，他就从军饷中提取5000两的白银，铸造币值分别为一两、七钱、五钱、三钱、一钱的五种银元。中国自铸机制银元在经历近半个世纪的酝酿后，由吉林机器官局铸成。在满语中"吉林"的意思是"船厂"，且当地又习惯用计量单位厂平，所以该套银元被称为"吉林厂平"。因为它专门用于支付兵饷，其价值也不符合人们的使用习惯，所以在民间和市面没有流行开来，极其罕见。

光绪十年吉林厂平一两银元
直径39.8毫米　重量35.8克

　　清光绪十二年（1886），两广总督张之洞购进了由英国伯明翰喜敦造币厂生产的造币机，并在广州筹建"广东钱局"，聘请外籍技师。广东钱局在光绪十五年（1889）开始投入生产，诸如"光绪元宝七钱三分银元"和"光绪元宝七钱二分银元"都是出自该局。共铸有五等币值，后清政府因其币名"光绪元宝"被英文围绕，未正式发行。在光绪十六年（1890）四月，该局铸行新版的"光绪元宝七钱二分银元"，计分五种：一号重库平七钱二分，配纯银九成；二号重库平三钱六分，配纯银八六成；三号重库平一钱四分四厘，配纯银八二成；四号重库平七分二厘，配纯银八二成；五号重库平三分六厘，配纯银八二成。银元正面刻有汉文、满文"光绪元宝""广东省造"及记值文字字样。背面环以英文币名，中央刻有蟠龙图案。后来，投入到社会中流通，很快就被人们所接受，而且使用的范围越来越广。之后，被清政府定为法定银元，是晚清中国自铸银元的典范。

　　至此以后，各省纷纷活跃起来，设厂铸造。当时，有一些清政府的官员认为这样可以解决财政上的困难,社会舆论也认为可以解决银两解库出入困难问题,补白银之不足,收利权,起到富国强民的作用。所以,到光绪二十年(1894),所设的铸币厂分布在天津、广东、湖北、北洋、江南、新疆、安徽、湖南、奉天、吉林、黑龙江、福建、云南等十几个省区,其规模还在不断地扩大。因为在半封建半殖民地社会的历史条件下,清政府腐败无能,导致钱法混乱,各省各自为政,所铸银元成色重量不一,而且铸以省名,互相抵制,流通不畅。

清政府也曾努力采取措施把铸币权收归中央,独占铸币丰厚的利润。光绪二十五年(1899),清政府下令除保留广东和湖北两局外,撤销其余的造币厂。这一举措很快就遭到各级地方势力的强烈反对。同年,清政府在北京筹办"京局"即中央造币厂,计划铸造"庚子京局制造光绪元宝银元"。但是次年该局就被入侵的八国联军所毁坏。光绪二十九年(1903),又筹建天津户部造币总厂,计划铸造大清金币、大清银元、大清铜币通行天下,以求统一货币铸行权。光绪三十一年(1905),颁布《整顿圜法酌定章程》,并下令各省停止扩建造币厂,统一更名为某省户部造币分厂,所用币模都得由总厂提供,仅留四处分厂——江南、北洋、湖北和广东分厂。

光绪三十年(1904),湖北、广东和天津户部造币总厂先后相继试铸银元。像湖北、广东两省率先试铸重库平——两银元,天津户部造币总厂试铸"户部光绪元宝库平——两""丙午'中'字大清银元一两"等。天津造币总厂在光绪三十三年(1907),奉清廷令改铸重库平七钱二分银元,后有"丁未大清银元",还有"造币总厂光绪元宝",就是特为大清银行发行纸币筹备兑换基金所铸的。

造币总厂造光绪元宝库平七钱二分银元
直径39.5毫米 重量26.8克

在清宣统二年（1910）四月，清政府颁布了更为详细的银元制度条例《币制则例》，规定："中国国币单位，着即定名曰元，暂就银为本位，以一元为主币，重库平七钱二分；另以五角、二角五分、一角三种银元，五分镍币，及二分、一分、五厘、一厘四种铜币为辅币。元、角、分、厘各以十进，永为定价，不得任意低昂。"像"宣统年造大清银元"及"宣统三年大清银元"等就是此条例实施后先后被铸造并流通于市面的银元。

宣统三年大清银币
　　直径39毫米　重量26.7克

宣统三年大清银币
　　直径39毫米　重量26.7克

宣统三年大清银币
　　直径39毫米　重量26.8克

宣统三年大清银币
　　直径39毫米　重量26.8克

宣统三年大清银币
直径39毫米 重量26.8克

二　民国银元

　　1911年，随着辛亥革命的胜利，清政府的灭亡，中国两千年的封建君主专制制度也彻底结束了。从此，中国进入了一个全新时期。1912年1月，孙中山在南京就任临时大总统，宣布中华民国临时政府成立。原来的江南造币厂由中华民国财政部接管，并开始铸币。铸有面值分别为一元、二角、一角的"中华民国开国纪念币"，并以孙中山先生侧面肖像作为图案。武昌造币厂亦铸有"中华民国开国纪念币"，以黎元洪正面肖像作为图案。

中华民国孙中山像开国纪念币
　　直径39毫米　重量26.7克

中华民国孙中山像开国纪念币
直径39毫米　重量26.8克

中华民国孙中山像开国纪念币

1935年孙中山像拾分银元
直径21毫米　重量3.9克

中华民国黎元洪像开国纪念币
　　直径39.6毫米　重量26.9克

1912年，因为有不断流入的墨西哥、日本等外国银元，又有清政府时期的各种龙洋币，银元种类多而杂，成色不一，市价也极其不稳定，使得中国银元流通市场状况混乱不堪，广大民众更是深受其害。

1914年2月，民国政府制定并颁布了一系列的"国币条例"及其"实施细则"，明文规定以一元银元为本币，共分为一元、半元、二角、一角四种币值。一元重七钱二分，银九铜一；半元重三钱六分，二角重一钱四分四厘，一角重七分二厘，均为银七铜三，重量差不超过千分之三等。另外，还规定：凡是在中国境内以国币授受者，无论何种款项，概不得拒绝。

币制改革的实施，不仅有利于收兑各处龙洋改铸新币，将壹元币成色改为八九，也使中国近代币制暂时在形式上实现统一。

1914年12月，由民国政府财政部天津造币总厂铸造的新版银元，共有5种币值，分别为壹元、半元、贰角、五分。其正面是袁世凯侧面头像和发行年号，背面是嘉禾纹饰和币值，俗称"袁头币"。在1914年至1921年间，新币因为具有币型划一、花样全新、重量成色准确、易于识别的特点，所以很快流通于市面上，被广大人民所接受。而且铸造数量大，并逐渐替代了当时在中国市场上流通的各种外国银元，成为当时流通银元中最重要的币种。

1927年，北洋军阀统治集团遭受北伐军的沉重打击。北伐胜利已经在望。由于袁世凯窃国称帝受到国民的谴责和唾弃，国民党政府为顺应民意复都南京，有关部门也停铸"袁头币"。由南京、天津、浙江、

民国三年一元银元
　　直径38.7毫米　重量27克

民国三年一元银元
　　直径38.9毫米　重量26.5克

四川等造币厂把先前民国元年版印有孙中山先生像的开国纪念币旧模，略改英文币名等，进行铸造。后来，因为国内趋于稳定，各种条例不断出台，各省造币厂陆续停办，银元滥铸现象也得到一定的控制。当时，国民党财政部开始在上海筹建中央造币厂，不但委托奥地利、英国、美国、意大利、日本五国代刻孙中山像，而且也着手拟订新版银本位币设计方案。1929年，帆船图案银元币模在杭州造币厂试铸，整顿币制良机初步形成。

1933年3月，国民党政府正式下令先从当时中国金融中心上海开始施行"废两改元"，1933年4月6日起通令全国执行。至此，银本位币制替代银两货币制。同年，由上海中央造币厂开始铸造币值为壹元，正面为孙中山侧面像和年号，背面是中国双桅帆船图案和币值的银元。它是根据《银本位币铸造条例草案》的规定，铸造的新版银本位币。民间习惯称此银元为"船洋"，曾大量发行流通。

民国初期，许多造币厂如天津、武昌、南京、云南等铸造出银质纪念币章，但很少用于货币流通，大部分是为了满足军政要员蛊惑人心、沽名钓誉及馈赠等所需。品种名目较多，例如"黎元洪像开国纪念币""袁世凯像共和纪念币""唐继尧像拥护共和纪念币""徐世昌像仁寿同登纪念币、章""曹锟像宪法成立纪念章""段祺瑞像执政纪念币""张作霖像纪念币、章""陆荣廷及倪嗣冲像纪念章"等。此类银元虽然绝大多数不作为货币流通，但是还具有一定的艺术和观赏的价值。它们风格不一，各具特色，铸工堪称一绝，从某种程度上反映出当时中国铸币工艺的水平，成为该时期银元铸行的奇葩。

抗日战争取得胜利后，国民党不顾及全国人民的和平意愿发动内战，令百孔千疮的中国雪上加霜。在国民党统辖区内，通货膨胀空前严重，金元券币值暴跌，经济濒于崩溃。1949年6月25日，国民党政府规定银元1元等于金元券5亿元，黑市比价更是高达25亿元，不能从根本上解决问题，所以许多地区都发生抵制金元券风潮。为做最后的挣扎，同年7月1日，国民党行政院又通过了《银元及银元兑换券发行办法》，力图通过此条例恢复银本位制，挽救瘫痪的国民经济。该办法规定："货币单位定名为银元，净重26.6971克，成色88%，含纯银23.493448克；由中央造币厂统一铸造银元及辅币，然后由中央银行统一发行，同时以十足准备发行银元券，准备元中60%为黄金、白银及外汇，银元不足时兑换黄金；银元、银元券等不得伪造、变造，违者依妨碍国币惩治条例治罪。"但终究因国民党政府政治、经济、军事等方面的颓败，依靠改革币制挽救经济的目的显然是不可能达成的。所以，在云南、贵州、四川、新疆、甘肃、绥远等省先后开始铸造银元，也是徒劳无用的。

在中国近代，铸造银元的数量比较大，铸地分散，种类和版别也较繁杂，成色不一，铸工差距很大，流通也极其混乱。因此，货币的铸行权从未真正统一、集中。没有建立完整的银本位币制，是中国近代贵金属币铸行的一大弊端。

在近代中国种类繁多的银元中，更值得一提的是由中国共产党领导的人民革命政权所铸造的银元。1921年，中国共产党在上海宣告成立，为了打倒帝国主义和推翻封建主义，中国共产党率领全国人民开始了长达28年的革命艰辛历程。后来，又打碎了国民党反动势力企图扼杀红色政权，对革命根据地实行经济和军事封锁的狂妄梦想。之后，银行陆续也在各个革命根据地成立,其发行和用于流通的货币有纸币、银元、布币等。而在这段时期，革命根据地铸造的银元有，鄂西北革命根据地鄂北农民银行发行的"中国苏维埃共和国造壹元""1931年中国苏维埃共和国国币壹元"，湖南平江县苏维埃政府铸造的"平江县苏维埃政府一九三一年制壹元"及湖南省苏维埃政府铸造的"湖南苏维埃政府一九三一年制壹元"等,属于早期铸造的银元。1932至1935年间，在鄂豫皖、中央、川陕及陕甘革命根据地相继成立银行及造币厂，铸行银元。而铸造银元数量最多的是中央革命根据地的中华苏维埃共和国国家银行造币厂和川陕革命根据地所管辖的川陕省造币厂。人民革命政权自铸银元的这一举措，其影响尤为深远。它不仅改善了当地人们的生活状况，也使国民党反动势力军事围剿红色政权的计划落空，对保障革命根据地经济的独立自主、金融市场的稳定、革命武装力量的发展和壮大起着重要的积极作用。这是新民主主义革命取得胜利的重大成果之一，也是旧中国深受苦难的大众自己真正掌管货币铸行权的一次伟大实践，为中国货币发展史再添新的篇章。

1948年12月1日，中国人民银行成立，然后发行了"人民币"。1949年10月1日，中华人民共和国宣告成立，将其作为中国唯一法定本位货币。但在新中国成立初期，像川、滇及西藏等比较偏远的地区仍然

上篇　历史渊源

中华苏维埃共和国造马克思像壹圆银元
　直径38毫米　重量28克

平江县苏维埃政府银元

51

中华苏维埃共和国二角银元（正背面）

上篇 历史渊源

川陕省造币厂造中华苏维埃共和国一元银元

中央苏区造银元
直径38.9毫米　重量26.1克

使用银元。1951年西藏和平解放后,中央人民政府为保护藏族人民的合法权益,尊重他们长期以银为币的习惯,不仅特许该地区暂时使用银元,为解决通货不足等问题,将原西藏地方政府所铸银元、铜币作为辅币流通,还特地从内地调拨民国纪年的袁像壹元银元入藏。这种情况一直持续到西藏自治区人民政府1962年5月10日公布《西藏自治区金银管理和禁止外币、银行流通暂行办法》,才彻底废止银元流通,使其退出货币流通领域。

"人民币"作为国家唯一法定货币,其发行标志着在中国历史上第一次实现货币制度的统一,彻底告别了近一百多年以来中国用银铸币及货币市场混乱、货币繁杂的历史。

第四章
银元发展的几个重要阶段

一　第一阶段：外国银元流入中国

据史料记载：大约在15世纪时，外国银元就已经开始流入中国。起初在福建、广东沿海行用的第一批外国银元，是由西班牙在墨西哥铸造的"本洋"或西班牙银元，又称之为"番银""花边银"。产生这种现象的原因，主要有以下三个方面：

第一，明朝中叶，郑和七次下西洋，让世界更多的国家了解到中国，加强了各国之间的贸易往来，中国东南沿海地区贸易日益活跃起来，广州就成为中国对外贸易的主要港口。葡萄牙人、西班牙人和荷兰人先后到澳门、泉州、宁波等地来经商。因为当时中国处于自给自足的自然经济，根本不需求外国的商品，所以到中国来的外国商船，多数载的是银元，用来大量购买中国的丝绸、茶叶、瓷器及其他土特产。这也是中国在贸易上处于出超状态的主要原因所在。

第二，在1600年以前，菲律宾诸岛就已经开始有西班牙银元的流通，后来银元不断由许多去菲律宾的华侨带回来。

第三，因为银元具有形式、成色、重量比较划一，便于携带，使用易于计数的特点，所以银元很快被人们所接受，使用范围及流通地区也越来越广。

以上三个方面是外国银元开始流入中国并扩大流通范围的主要原因。

在清朝初期，清政府实行闭关锁国政策，海外贸易发展比较缓慢，但并没有中止外国银元的流入。在乾隆、嘉庆年间（18世纪后期及19世纪初期），清政府在沿海地区逐渐开放了一些港口，使沿海的贸易活动再次活跃起来。这一时期，流入中国的外国银元的种类也在不断增多，像荷兰的大马钱（重库平八钱以上）、墨西哥的双柱花边钱、葡萄牙的十字钱、威尼斯银元等。而且银元流通范围也越来越广，当时广州地区的高利贷（年息二分）也曾吸引大量的银元从印度流入。例如嘉庆元年（1796），查抄和珅家产时，银元就有58 000枚之数。在嘉庆二十年（1815）的一份奏疏中提到，每年外商船带来银元数十万元至四五百万元不等。

道光以后，银元为广大的民众所接受和使用，将其价值等同于纹银的价值。外商就利用这点，大量输入银元，把重七钱二分、成色90%左右的银元和重一两、成色93.5%的纹银进行等量交换，套购大量银锭出口，运往印度等地牟取丰厚的利润，出现了白银大量外流的现象。鸦片战争后，因为鸦片贸易剧增，中国对外贸易出现逆差，使大量的白银外流，而外国银元输入减少，引起了白银恐慌。到咸丰年间，这种情况更为突出，银价居高不下且涨势迅猛，通货膨胀严重。这其实就是一种不等价的交换，如咸丰晚年时，一枚所含白银在六钱四分七厘至六钱五分七厘之间的银元竟和含九钱三分五厘以上的白银价值相等，都值制钱2000文左右。两者相差将近一半。

鸦片战争后，清政府被迫开放五个沿海港口，用于通商。这时外国的银元在中国境内普遍流通。1840年前后的数十年中，在长江中下游各省及河北、广东、福建等地盛行西班牙在墨西哥铸造的银元"本洋"，币面铸有西班牙皇帝头像，又叫佛头银元。1821年墨西哥独立后，停止铸造，引起本洋价格在中国疯狂上涨。1856年上海改用九八规元，至此鹰洋替代了"本洋"。鹰洋，原名为墨西哥银元（Mexican Dollar），因币面图案得名，误为英洋，或正英，又称墨西哥银元，1854年流入中国，并以很快的速度流通到全国各地。1910年，在中国流通的外国银元有11亿元，其中鹰洋占1/3，约4亿元。上海把它作为本位币。鹰洋和当时银两共用，俨然成为那段时期中国的主币，形成了银两和银元平行本位制，这种现象一直持续到民国初年。后因1905年墨西哥改行金本位，鹰洋在中国市场上的势力从此衰落。在同治和光绪年间，帝国主义列强依照在华的势力范围，逐一形成了各自的金融圈。

在清朝光绪年间（即19世纪末到20世纪初），对当时的社会经济产生深远影响的是流通时间长、范围广、数量大的外国银元，其主要表现在以下三个方面：

第一，当时银元不仅仅作为流通的货币，同时更多地被帝国主义用作控制旧中国的政治、经济和财政金融的工具，导致中国半殖民地化的进程进一步加剧。各个帝国主义国家利用各自铸造的银元，利用政治和经济的渗入和军事的侵略，形成了各自的势力范围。如在中国境内，英国专门铸造发行的"站洋"、香港银元，抢占平津及华东、华南的一些地区作为流通区域。挤进"站洋"流通区域的美国贸易银元（Trade Dollar），是美国特地为远东贸易而铸造的。云南和广西两省被法国安南银元所控制。东北三省和福建等地被日本龙洋所垄断。这就形成了帝国主义国家各自独立的金融王国。

第二，因为帝国主义国家各自铸造银元，所以中国市面上的银元种类繁多，成色不一，市价也是极不稳定，外加外商和钱庄勾结，使大量的白银外流，中国的封建币制混乱不堪，刺激了中国的币制改革。

第三，在清朝末年，出现了银两单位和银元单位的激烈争论，推动了旧中国自铸银元并逐步向银本位过渡的步伐。

总而言之，外国银元在中国流行的原因，一方面是在瓜分殖民地狂潮中的西方资本主义国家，把银元作为他们巩固势力范围、掠夺更多财富的工具。另一方面就是中国封建货币制度已经不能适应当时社会经济的需要。

至此，在中国银元广泛发行后，外国银元的优越条件逐渐消弱，再加上其他方面的原因，外国银元就逐步被中国银元所代替了。

二　第二阶段：仿铸

关于仿铸外国银元的主要原因，清朝的官员们曾经概括成四句话：维主权，存正朔，收利权，塞漏卮。具体言之：第一，外侮日亟。帝国主义列强的侵略，刺激了中国近代许多企业的产生，但在贸易往来上，急需与之相适应的币制。第二，挽回利权。洋商利用银元和白银之间的不等量交换，使大量的白银外流，引起白银恐慌；帝国主义列强利用银元渗入中国的政治、经济和金融市场等，银价极不稳定，使广大民众处于水深火热之中，再加鸦片战争之后，中国贸易入超很大，影响国计民生，急需谋求自己的银元。第三，银元具有形式、成色、重量较划一，便于携带，易于计数等特点。银元比银两使用更方便，广大民众易于接受，使用范围越来越广。第四，有整顿和改革的必要。因为帝国主义列强在各自的势力范围内，铸造各自的银元，致使其种类繁多，成色重量不一，不利于流通，严重影响中国市场，阻碍中国经济的发展。第五，有利可图。当时，清政府看到地方和民间私铸银元，赚取丰厚的利润后，也想借此来解决财政上的困难，同时解决当时因缺乏铜材，不能增铸铜钱的困难，从而避免钱商利用银票和钱票从中牟取暴利。

仿铸银元最初是从民间开始的。在嘉庆和道光年间，就已经开始有人仿铸外国银元了，这一点可以从林则徐的《苏省并无洋银出洋》奏折中得知。道光十三年（1833）就有人指出："盖自洋银流入中国，市民喜其计枚核值，便于应用，又价与纹银争昂，而成色可以稍低，遂有奸民射利，摹造洋板，销化纹银，仿铸洋钱。其铸于广东者曰广板，铸于福建者曰福板，铸于杭州者曰杭板，铸于江苏者曰苏板、吴庄、锡板，铸于江西者曰土板、行庄，种种名目，均系内地仿铸。"

实际上在嘉庆年间，就已经有仿铸西班牙"本洋"的新型银元，但因其品质不好，而被禁止发行。道光年间，在福建铸造"台湾寿星币"。它原来是道光十八年（1838）在台湾仿西班牙的"本洋"铸造的，其币面有寿星像，左右两边分别篆书"道光年铸足纹银元"，寿星像之下有"库平柒式"字样，背面铸有一鼎，另有"台湾府铸"四个满文字，初铸重如其文，后减重5%。另一种是"漳州军饷"银元，道光二十四年（1844）在福建漳州铸造，重七钱四分，因钱面镌有"漳州军饷"四字得名,铸造不久后便减重15%。以上这两种银元都是为了筹集军饷，在福建铸造的。此外，还仿铸"咸丰如意银饼""同治笔宝银饼""同治寿星银饼"和"谨慎军饷银饼"等。这段时期内，民间虽然

大清国宝银饼

漳州军饷"为无为"银饼
直径38.8毫米　重量27.2克

仿铸多种银元，但都因种种原因而没有流行。比如，浙江曾铸过一两重银钱，以此想和洋钱共同流通，但行不通。咸丰年间，上海有几家银号，已知的有王永盛、郁森盛、经正记三家曾铸行银饼。像王永盛只铸有币值一两的银元，而郁森盛和经正记铸有币值一两、五钱不等的银元。光绪初年，首先用机器试铸银元的是吉林省，目的是为了解决军饷问题，其币值有一钱、三钱、半两、七钱和一两五种，因不符合当地民众的习惯，所以没有广泛流通。这种银元称为"厂平"（见前面介绍）。

这时期的银元，都是由民间和地方政府铸造的，由于受到地区的限制，流通时间很短或是没有流通，但在银元的发展史上却起到了先导的作用。

三　第三阶段：乾隆宝藏

1. 西藏银元

在乾隆五十七年（1792），由清政府批准,官督商办，在西藏铸造

"乾隆宝藏"，为适应西藏部分地区长期使用银钱的习惯，又叫"西藏银元"。其正面铸有汉文"乾隆宝藏"，背面铸有唐古忒文乾隆宝藏字样，边缘刻有年份，全部用纹银铸造。该银元可分为三类：大的重一钱五分，中的重一钱，小的重五分，其中铸造最多的是中的，而且成色较高，仅限西藏使用。清政府交商承办铸钱工料。然后由驻藏大臣督同噶布伦等监造，验明成色，不准掺杂。而且在交换时，一两的纹银可以换重五分者十八元的宝藏，如果换重一钱者九元，余一钱留作火耗工缴。之后，分别铸造"嘉庆宝藏"和"道光宝藏"。而清朝末期的"光绪宝藏"，没有得到实现。在这一时期，西藏流通的货币中还有尼泊尔和印度卢比，其流通地区涉及云南和四川。为了抵制流入的卢比，四川仿其型铸造四川的卢比，正面铸有光绪的半身像和服饰，背面铸有"四川省造"字样。这是中国最早的人像币。

2. 新疆饷金、饷银

新疆用银的时间较长，像普尔钱和新疆银元就是在同一时期铸造的。到清朝末期，新疆各地所铸的银元也没有得到统一，仍用湘秤衡法，有一钱、二钱、四钱、五钱、一两等多种，且以两为单位，称之为"饷银"。同治年间，新疆的阿古柏在喀什噶尔铸造土耳其铁勒金币，其币面全部是回文。之后，在光绪三十三年（1907），由新疆铸造"饷金一钱"和"饷金二钱"两种金币，背面为龙纹，环以回文，和饷银属于同一系列。

西藏铸乾隆宝藏
直径31.5毫米

西藏铸嘉庆宝藏

四　第四阶段：大清银元和龙洋

1. 首铸龙洋

首铸龙洋是两广总督张之洞在光绪十五年（1889），命令广东省造币厂所铸造的。其币面中间由"光绪元宝"四个汉字构成，周边有"广东省库平七钱三分"九个汉字。之后，改为七钱二分。和当时流行的鹰洋相比，重一分五。刚开始，清政府曾制定铸币章程，委托汇丰银行代铸，其规定是："它的轻重大小及配合成色，分为五等：每元重七钱二分，配九成足银；次则三钱六分，减配八六成足银；再次则一钱四分四厘、七分二厘、三分六厘三种，均减配八成足银。"之后，又把后四种称为对开、四开、八开、十六开。后通称这五等银元为一元、半元（五角）、二角、一角、五分。起初只在广东、福建、天津等地流通，后来在上海广泛流通四开和八开的银元。这是中国近代自铸银元的开始。因为银元的背面铸有蟠龙花纹和英文，所以通称为"龙洋"。

广东省造光绪元宝库平七钱二分银元
　　直径39.5毫米　重量27克

广东省造宣统元宝库平七钱二分银元
　　直径39.4毫米　重量27克

广东省造光绪元宝库平一钱四分四厘银元

广东省造光绪元宝库平七钱二分银元

广东省造光绪元宝库平七钱二分银元

广东省造光绪元宝库平一钱四分四厘银元

广东省造光绪元宝库平三分六厘银元

广东省造光绪元宝库平三分六厘银元

广东省造光绪元宝库平三分六厘银元

广东省造光绪元宝库平三分六厘银元

广东省造光绪元宝库平三分六厘银元

广东省造光绪元宝库平三分六厘银元

2. 各省从竞铸到滥铸

自张之洞率先在广东省开设造币厂后，其发行的"龙洋"以很快的速度用于流通领域。此后，各省纷纷活跃起来，相继开设造币厂铸造银元。在中日甲午战争前后，部分清政府官员认为这是解决财政困难的最好的方法，而社会舆论也对自铸银元的举措表示称赞，如康有为等纷纷上书称颂广东、湖北铸币所带来的成效，"痛陈洋钱侵蚀之害，认为自铸可以消除银两解库出入之弊，调剂钱之不足，可收利权，裕国利民。"所以还没有等清政府下令推广，"龙洋"就很快在全国范围内展开。至光绪二十五年（1899），不包括天津总厂，设厂自铸银元的省区已达十多个，有广东、湖北、北洋、江南、新疆、安徽、湖南、奉天、吉林、黑龙江、福建、四川、云南等省区。此后，其数量还在不断的增加。在这段时期内，各省掀起了竞铸银元的热潮，但银元的品质明显下降。据相关资料统计，在十五种一元银元中，平均每枚重量为0.7177库平两，每枚含银量为0.6403库平两，都比法定的标准要低。如吉林铸造的银元重量仅为0.6977，减重3.097%，是低于法定重量的七种银元中最低劣的一种。奉天铸造的银元成色仅为0.5959，降低8.04%，是低于法定成色的八种银元中最低劣的一种。

因为清政府的腐败无能，各省各自为政，致使银元在金融市场和商品市场上极不稳定，产生很多不良的影响：第一，因为各省自铸的银元各不相同，其重量、形式、成色不一，而且各种银元在市价涨落差距很大，严重削弱了银元的优点。第二，银元的流通不畅。因为各省自铸的银元品质不一，而且其上面都标有本省省名，各省互相抵制，严重阻碍经济的发展。第三，当时清政府没有制定系统的有效的管理措施，致使各省滥铸，数量过剩，浪费很多的人力、物力、财力。

清政府看到各省铸币所牟取的丰厚利润后，就想把银元的铸造权收回中央。光绪二十五年（1899），清政府下令除广东和湖北两省外，其余省区的造币厂全部撤除。这一举措，立刻遭到地方势力的强烈反对。之后，清政府又增加了北洋、南洋和吉林三局。在光绪三十一年（1905），清政府又颁布《整顿圜法酌定章程》十条，把所铸造的货币分为三品：金、银、铜，把天津局作为铸造银钱总厂，把北洋、南洋、广东、湖北四局作为分厂。而实际上，在当时清政府内部，出现了关于币制的两种单位及铸造方面的激烈纷争。所以，这些措施未能实行，问题也就没有得到根本上的解决。

3. 关于银元单位问题的争论

清朝末年，在各省掀起了竞铸银元的热潮的同时，伴随而来的就是银元单位的问题。以慈禧太后为首的后党和以光绪帝为核心的帝党，就银元的单位问题发生强烈的争论，而实质上是封建保守势力和新兴维新变法势力两派权力斗争的一个方面。在旧的银两制度中，后党称为"两单位"和帝党称为"元单位"的这两种单位都是同时存在的。这从前述仿铸自铸情况时，提及"一两"同"七钱二分"可以得知。而以慈禧太后为首的封建势力坚持认为："首先，银两是祖宗成法，民间习用已久，丁漕赋税的依据，未便更改。其次，各国币制，各行其国之所宜，彼此不相沿袭。再次，过去仿铸洋元，乃一时权宜之计，不可作为定制"（来源于《清朝文献通考》），并攻击"元单位""上损国体，下失民信，内便中饱，外长漏卮"。再加上当时的地方封疆大吏如张之洞、袁世凯、刘坤一等和慈禧身边的封建王公大臣都竭力主张以两为单位。光绪三十一年（1905），清政府颁布《银元分量成色章程》十条，规定银元的单位为库平一两，由湖北和天津两厂负责铸造一两重的银元。该章程虽然也提出了较为全面的现代货币制度，但到后来因为种种原因，没有得到全面落实，清政府只能就此作罢。

后来，以度支部尚书载泽和新官僚盛宣怀为首的"元单位"派，他们分别从分两、成色、币制搭配和市面流通四个方面，证明"两单位"不如"元单位"。他们还竭力主张："不用两钱分厘名目，只需以枚计算，期与他国货币相通。为金本位之准备，不宜执行旧日成规。而银钱流转，以商家贸易、民间日用为大宗。国家税收特其一端，若概用一两币制，揆之国计民生程度未能尽合。且货币通弊，重则私熔，亦须预防。"他们一方面顶住来自清政府的压力，另一方面为继续铸造龙洋而做大量的宣传工作。光绪三十三年（1907）七月，新拟定《铸造新银元分两、成色章程》五条，然后在天津总铸币厂开始铸造重七钱二分的银元。之后，清政府先后两次向全国二十四个督抚征求他们对于银元单位问题的意见。赞成以两为单位的人数较多，为十二人，元单位九人，两和元通用的三人。度支部还建议设立币制调查局，用于征求各方面的意见。但不久光绪帝和慈禧太后相继离世，政局不稳定。以度支部尚书载泽和新官僚盛宣怀为首的"元单位"派，不但拟订统一币制的办法，由中央银行统一币制；而且把银元分为五等，一元银元重七钱二分（含纯银六钱四分八厘），并完全采用西法设计纸币、金币、银元和镍铜币。同时，盛宣怀向载泽建言："币制尚待调查，而民生日用所需，不可一日无交易之物，可以暂时先照早已通用的银元（即龙洋），成色分量不变。"此外，盛宣怀还鼓动上海总商会上书清政府，强烈反对铸造一两重银元。再加上当时辅助宣统帝的摄政王载沣为了巩固政权，利用新政收买人心，令度支部再议币制，结果载泽就彻底否定了两单位。宣统二年（1910）四月，颁布《国币则例》二十四条，规定："铸币权统一归中央，停止各省自由铸造；设立币制局，统一事权；以元为单位，重七钱二分，成色九成。"宣统三年（1911）五月，由南京和武汉两厂开始负责铸造大量的"大清银元"。不久辛亥革命爆发，所有铸成的银元用于军事上，随后流通于各个领域。

五　第五阶段：银辅币

光绪十六年（1890），首先在广东铸银作为辅币，其币值分为四种，有五角、二角、一角及五分。光绪二十八年（1902），铸有大量的一角银元，称之为"单毫"。光绪三十年（1904），又铸有大量的二角银元，称之为"双毫"。广东通称为"毫洋"，而其他地区称"小洋""银角""银角子"。由于银辅币的成色低，利润丰厚，各省仿铸太多以致数量泛滥，导致其成色低劣，不能和银元等价兑换，而且市价也极不稳定，由市场的供求决定。

"双毫"流通最广，因为它和五铢钱的重量、大小差不多，且大小适中，民以乐用。所以，在广东，"双毫"可代替一元的银元来流通使用。铸有"光绪元宝""宣统元宝"和"大清银元"三种。"广东毫洋乃合双银角五枚而成。此项毫洋为该省之货币单位，其物价之标准，契约之缔结，以及租税之征收，均以毫洋计算。""广东乃不通用大洋之省份。"

银辅币的种类比较繁多。光绪八年（1882），由吉林机器局铸造四种币值的银元一钱、三钱、半两和七钱，四川也铸有三种币值的银元八分、三钱、二分等。但这两者流通的时间很短。光绪三十一年（1905），清政府颁布的《银元分量成色章程》中规定："辅币有三种：五钱（含纯银库平四钱八分）、二钱（纯银一钱八分）、一钱（纯银八分五厘）。"光绪三十三年（1907），在《新币分量成色章程》中规定："辅币分为三等：五角（重三钱六分，成色85%）、二角及一角（各重一钱四分四厘和七分二厘，成色均82%）。"宣统二年（1910），清政府颁布《币制则例》规定："辅币有三种（单位：库平两）：五角银元重0.36，成色80%，含纯银0.288；二角五分银元重0.18，成色80%，含纯银0.144；一角银元重0.0864，成色65%，含纯银0.05616。"

1914年，北洋政府颁布《国币条例及其施行细则》。其中规定："银辅币有三种：五角（半元）银元，重三钱六分；二角者重一钱四分四厘；一角者重七分二厘。成色均为银七铜三。使用时五角者限在合二十元之内，余两种合五元之内。"

东三省所铸的三种小银元，是各省所铸的众多银辅币中成色最高的，成色均达89%。所含纯银数，半元币为3.226钱，二角币为1.307钱，一角币为0.619钱。最低的是广东单毫，成色只有77%，含纯银0.551钱。北洋五角银元，成色84%，含纯银3.04钱，二角币成色80.09%，含银1.142钱，比东三省二角币减值13%。清政府和北洋政府也曾多次出台相关的制度和采取多种措施，努力改善银辅币流通混乱的现象，但都以失败而告终。

六　第六阶段：袁头币和孙像币

国民政府成立后，银元流通市场更加混乱不堪，不仅有外国的鹰洋、本洋、日本龙洋，还有清朝所铸的各种龙洋。民国初年，天津造币总厂和许多省的银元局还在继续铸造宣统元宝等银元，四川铸行"大汉银元"。因为银元种类繁多，成色、重量、形式不一，有的相差一成左右，市价极不稳定，而钱业乘机牟取丰厚的利润，使广大民众处于水深火热当中。在民国三年（1914）二月，国民政府颁布《新国币条例》，规定："一圆银元为国币，即本位币，重七钱二分，银九铜一。"后来改为89%，其币面的正面铸有袁世凯头像和所铸年份，背面为嘉禾纹饰及"壹圆"字样，通称"袁头币"。目的就是要统一银元，整顿混乱不堪的金融市场和商品市场。同时，还规定了一切税收和财政收支都要用国币，只特许在少数地区使用旧银元、银角及铜制钱等，其值都要按照市价折合成新银元，不得使用外国的钞票和生银。新条例的实施，对当时的外国银元起到一定的抵制作用，有利于经济的发展。在民国四年（1915）后，新币先后由各省进行仿铸。因为其形式、成色、重量划一，易识别，花样新颖，各省又严格按照规定进行铸造，所以新币发行后，很快就流入全国各地的市场领域中，进而取代了龙洋在上海的地位，并逐步排斥了在中国的鹰洋和其他外国银元，形成了新币行市。

辛亥革命至北伐战争这段时期，还出现过一些具有纪念性质的银元。例如：

1. 孙中山半身侧面币，一元，1912造，发行十万元。
2. 黎元洪币，一元，币面有黎元洪像。
3. 袁世凯军装像币，一元，民国三年（1914）天津厂铸。

中华民国孙中山像开国纪念币
　　直径39.7毫米　重量26.8克

中华民国孙中山像开国纪念币
　　直径39.6毫米　重量26.9克

中华民国孙中山像开国纪念币

中华民国孙中山像开国纪念币
　　直径39毫米　重量26.8克

中华民国孙中山像开国纪念币
直径39毫米 重量26.8克

中华民国黎元洪像开国纪念币
直径39.6毫米 重量26.9克

4. 袁世凯开国纪念币，一元，仅铸四十枚。

5. 袁世凯洪宪币，一元，正面为袁世凯肖像，背面为龙纹，有"中华帝国洪宪纪元"八字。

6. 四川军政府币，一元，民国元年（1912）铸造，在四川境内流通。

7. 曹锟币，一元，民国十二年（1923）天津厂造。

8. 段执政币，一元，民国十四年（1925）天津造币厂造。

9. 徐世昌纪念币，一元，民国十年（1921）造。

中华民国袁世凯像飞龙洪宪纪念币
　　直径38.8毫米　重量27.8克

中华民国袁世凯像共和纪念币
　　直径39毫米　重量26.9克

上篇　历史渊源

军政府造"汉"字四川银元
　　直径39.2毫米　重量25.8克

军政府造"汉"字四川银元
　　直径39.2毫米　重量25.8克

军政府造"汉"字四川银元
　　直径39.2毫米　重量25.7克

军政府造"汉"字四川银元
　　直径39.2毫米　重量25.7克

军政府造"汉"字四川银元
　　直径39.2毫米　重量25.7克

军政府造"汉"字四川银元
　　直径39.2毫米　重量25.7克

段祺瑞执政纪念币
　　直径39.1毫米　重量6.9克

10. 宣统结婚纪念币，一元，1923年溥仪结婚时发行，币上有龙凤形。

北伐战争取得胜利后，国民党政府推翻了北洋政府，停止铸造袁头币，开始改铸"中华开国纪念币"，通称"孙币"或"船洋"。新币正面铸有孙中山的半身头像，背面有帆船图案。从此，袁头像和船洋在中国境内同时流通，其他中外银元逐渐退出中国流通市场。据估计，在民国初期的十几年中，以上所铸银元，其中一元银元约铸造十四亿枚。且多数银元的重量为26.8641克，成色88.8%至89.0%，含纯银23.9024808克。"废两改元"之后，国民党政府颁布《银本位铸造条例草案》规定："将银元的重量、成色改为一元银元，重26.6971克，银88%，铜12%，即含纯银23.493448克。每一银元的改铸费，由原来的库平纯银六厘，改为每元的2.25‰，并定为本位币。"两年之后，国民党政府实行法币政策，银元不再是合法的通货，实际上国民党政府否定了上述的规定。

中篇 种类特征

早在16世纪中叶，中国海禁开放，葡萄牙、西班牙等海外商人相继来到中国。其中葡萄牙人在澳门、广州、宁波、泉州等地经商，西班牙人则占据了吕宋，通过华侨与大陆进行交往。各资本主义国家的银元开始流入中国，最早、最多的是西班牙银元（俗称本洋），其次是鹰洋（墨西哥银元）以及英、美、德、日、法、菲律宾、土耳其、秘鲁、奥地利等国银元。这些外国银元的白银含量、重量与我国银元接近，所以在我国广泛流通。

1887年，光绪皇帝采纳两广总督张之洞改革币制的建议，允许广东兴建中国近代第一个造币厂。至1897年，中国的其他几个省份也纷纷仿效，兴建造币厂。此时，各地所造银元的质量较低，使用也比较紊乱。1903年，清政府在天津筹建户部造币总厂，开始铸造银元。

第五章
外国银元的种类及特征

一 外国银元概况

早在16世纪中叶,随着郑和七次下西洋,世界更多的国家了解了中国,又因为当时明政府实行海禁开放,外商如葡萄牙和西班牙等国商人相继来到中国。像澳门、广州、宁波、泉州等地,多为葡萄牙人从事经商活动,而西班牙人则占据了吕宋(今菲律宾),通过华侨和大陆进行贸易上的往来。在这一时期,各国的银元开始源源不断地流入中国市场,最早、最多的应属西班牙银元(俗称本洋),其次是鹰洋(墨西哥银元)以及英国、美国、德国、日本、法国、菲律宾、土耳其、秘鲁、奥地利等国银元。这些外国银元之所以在中国广泛流通,是因为其白银含量、重量和我国的银元比较接近,也对我国银元的发展史产生过深远的影响。这些银元有安南明命通宝、大朝鲜开国银元、韩国银元、日本银元等。

安南明命通宝"十五"银元
极美品

安南明命通宝"十五"银元

安南明命通宝"十五"银元

大韩光武五年半元银元

大韩光武十一年半元银元
　　直径27.2毫米　重量10.1克

法属印支银元
　　直径39毫米　重量27克

大韩光武十年半元银元
  直径30.9毫米　重量 13.8克

法属印支银元
  直径39毫米　重量27.2克

法属印支银元
　　直径39毫米　重量27克

法属印支银元
　　直径39毫米　重量27.2克

法属印支银元

直径39毫米　重量27克

法属印支银元
　　直径39毫米　重量27克

法属印支银元
　　直径39毫米　重量27克

法属印支银元
　　直径39毫米　重量27克

INDO-CHINE FRANÇAISE
PIASTRE
DE
COMMERCE
A
TITRE 0.900. POIDS 27 GR.

法属印支银元
　　直径39毫米　重量27克

法属印支银元
　　直径39毫米　重量27克

中篇 种类特征

日本明治三十六年一元银元

日本明治三十七年一元银元

日本明治二十年一元银元

日本明治二十七年一元银元

英属马来亚十分银元
　　直径17.9毫米　重量2.7克

英属马来亚十分银元
　　直径19.5毫米　重量2.7克

英属马来亚十分银元
　　直径17.9毫米　重量2.7克

英属马来亚十分银元
　　直径17.9毫米　重量2.7克

英属马来亚十分银元
直径19.5毫米　重量2.7克

英属马来亚十分银元
　　直径17.9毫米　重量2.7克

英属马来亚十分银元
　　直径17.9毫米　重量2.7克

英属马来亚十分银元
　　直径17.9毫米　重量2.7克

英属马来亚十分银元
　　直径17.9毫米　重量2.7克

英属马来亚十分银元
直径17.9毫米 重量2.7克

英属马来亚十分银元
　　直径17.9毫米　重量2.7克

英属马来亚十分银元
　　直径17.9毫米　重量2.7克

清朝初年，清政府采取闭关锁国政策，但海外贸易仍持续缓慢发展，政府也曾采取措施限制外国商人的活动范围，却收效甚微。当时，来中国的外国商船，几乎所载的全是银元，用来大量购买中国的丝绸、茶叶、瓷器及土特产等货物，而当时的中国处于自给自足的自然经济，根本不需要外国的货物。这是这一时期流入中国的外国银元日渐增多的主要原因。

到清乾隆和嘉靖年间，情况有所变化，先前外商用银元购买中国的商品，随后渐而转变为兑换中国的"制钱"以及含银量更高的纹银。我们可以从范廷楷的奏折中看出这一点："内地奸商私带制钱出海，与诸番交易，以数十文易番一元，获利最重。返舶之时，或带番饼，或带洋货。"嘉庆皇帝在十九年的上谕中则说："近年以来，夷商偷运内地银两出洋，多至百数十万。既将内地之足色银两私运出洋，复运进低潮之洋钱。"按当时的一般情况，每枚七钱二分重的银元（实际含银量九成左右）可兑换生银七八钱以上，使外商获得了丰厚的利润。

这一时期，白银大量外流，银元进口数量巨大，这一点可从廷臣蒋攸铦的奏折中了解到。蒋攸铦说："洋钱进口，民间以其使用简便，颇觉流通。每年夷船带来之洋钱，或二三百万元，或四五百万元，亦有数十万元者不等。"外国银元具有形状、成色、重量划一，易于计数的特点。和当时以重量计算的银两相比较而言，外国银元更便于使用，所以其流通更快、流通范围更广。

乾隆以后，外国银元流通量巨增。除了上述原因以外，还有一个原因就是，当时的广州的高利贷年息利率高达一分八到两分，并且以复利方式计算。因此，大批银元从印度等地流入中国。乾隆四十四年（1779），被中国的高利贷所吸引进来的外国银元数额高达380万元。

道光年间，外国银元自广东、江苏、浙江、福建等地一直流通到黄河以南，逐渐由沿海流入内地。到光绪年间，在中国的货币流通中和金融市场上，外国银元起着举足轻重的作用。直到民国初年，这一情况才有所改善。

乾隆以后，在中国货币流通中和商品市场上，外国银元不仅种类繁杂，而且数量很多。我们可以根据传入的年代、流通的范围、影响，将其分为以下几种情况：

乾隆初年，在中国货币市场上流通最多的外国银元有马钱、双柱、十字钱。马钱是17世纪至19世纪末荷兰铸造的银元，分为大小两种，其中大的重量为库平八钱六分。因为一面铸有人骑马持剑的图案，所以后来该银元又称作马剑。

双柱是西班牙所铸造的银元中的一种，因币面铸有两根柱子而得名。两根柱子是根据西方神话传说中的赫居里斯柱子延伸而来的，表示的是直布罗陀两岸的山岩。双柱上分别裹着一卷轴，后来的货币符号"$"就是来源于此。1732年以后，所铸造的双柱银元的周围压有切纹（此前的马钱等均是光边），所以人们又称作花边钱。双柱的成色要比荷兰马剑高些。而当时双柱在中国货币流通市场上，其种类、重量、形式较划一，大的重七钱二分，中型的有半元的，小型则有四分之一和八分之一的。到后来，花边钱又几乎成了银元的统称。

十字钱是葡萄牙银元，其重量大约为五钱六分，因银元的币面上铸有一个"十"字而得名。

除了以上三种银元之外,在这一时期较为流行的外国银元,还有法国银元、西属荷兰银元、奥国银元和美国银元。

道光以后,西班牙银元"本洋"在中国的市场上起着举足轻重的作用。其品种也日渐增多,除了前面提到的双柱外,还有几种人像银元,诸如查理银元与费迪南德七世银元。广州人又称这类人像银元为"佛头"。在各通商口岸使用最多的是"本洋",当时在安徽芜湖一带,每一银元的"本洋"大约可抵其他银元一元三四角,足以可以看出市价之高。后来,"本洋"渐被之后流入的鹰洋所替代。民国以后,除了安徽芜湖等少数地区仍用于流通外,其他地方则几乎绝迹了。

二　外国银元的种类及特征

1. 西班牙银元

16世纪,西班牙是欧洲最强大的国家之一。但在1588年,英国打败了西班牙的无敌舰队,夺得了海上霸权,至此西班牙一蹶不振。1808—1814年,拿破仑入侵西班牙,西班牙在南美的殖民地纷纷独立。

之所以把西班牙在墨西哥铸造的银元称为西班牙银元,是因为当时墨西哥是西班牙的殖民地,所铸的银元上均有西班牙国王的肖像。16世纪中叶，此币流入中国，在福建、广东等沿海地区流通。1684年，东印度公司在广东建立商铺，多用西班牙银元来支付，足见西班牙银元在中国流通之广。因为福建和广东喜用"番"字，所以西班牙银元又被称为"番银""番饼"等名。

西班牙本洋，其币面的正面镌有西班牙国王半身像，周边铸有西班牙文字。背面上边有一皇冠，冠下有个盾形的图案，其内分为六个小格子，而中间的小格子，为椭圆形，有三个花状图形，在左下角及右上角的格内分别铸有作起立状的小狮子，左上角和右下角的格内分别铸成城堡状。两旁两根柱状的图案装饰其盾形图案，上面点缀带有文字的飘带，周边铸有西班牙文字。

西班牙硬币种类繁多，尤其是银元，更是略胜一筹。如清末时，大量流入中国的各种"柱洋"就有力地证实了这一点。

西班牙"本洋"，不仅是最早流入中国市场的外国银元，同时对当时中国经济的发展产生了深远的影响，为世界货币史增添了新的内容。现在我们所使用的代表美元等外币符号的"$"，就是源于西班牙"本洋"的双柱图案。同时，它也是世界上最早的机铸银元。1792年，美国定比索为doller，就是采用的"本洋"的基本货币单位。现在世界上，很多国家将本国货币单位定为doller。

"本洋"由于有成色、重量、外形划一、易于计算、不易仿制的特点，被广大的民众所接受，其流通速度越来越快，流通地区越来越广。在康熙朝以后，"本洋"就通过贸易大量流入上海的市场。中国人和外商分别把它作为结算本位，替代了过去中国将银两称重量计算的笨重方

中篇　种类特征

西班牙双柱

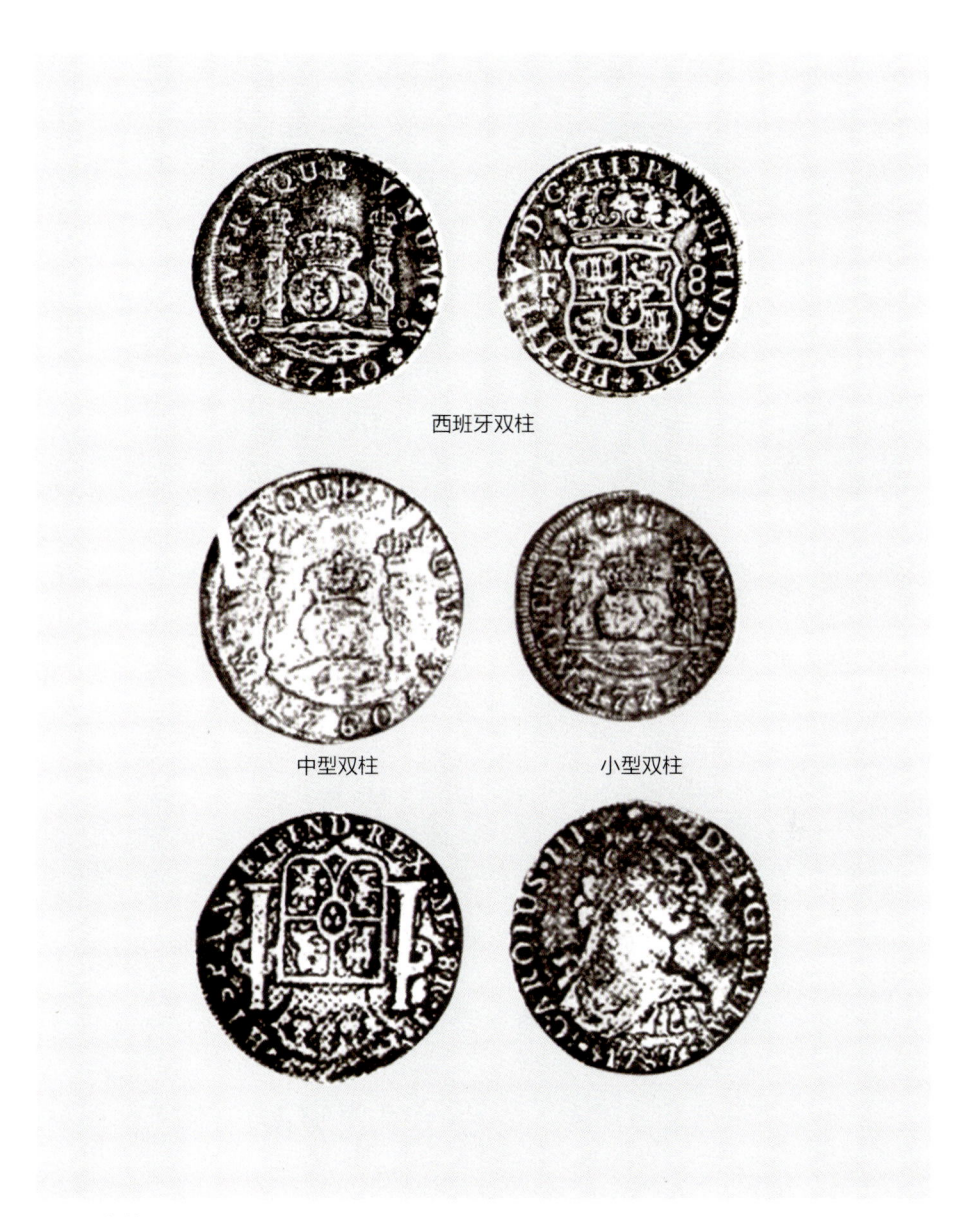

中型双柱　　　　　小型双柱

西班牙本洋

西班牙本洋
查理第三银元

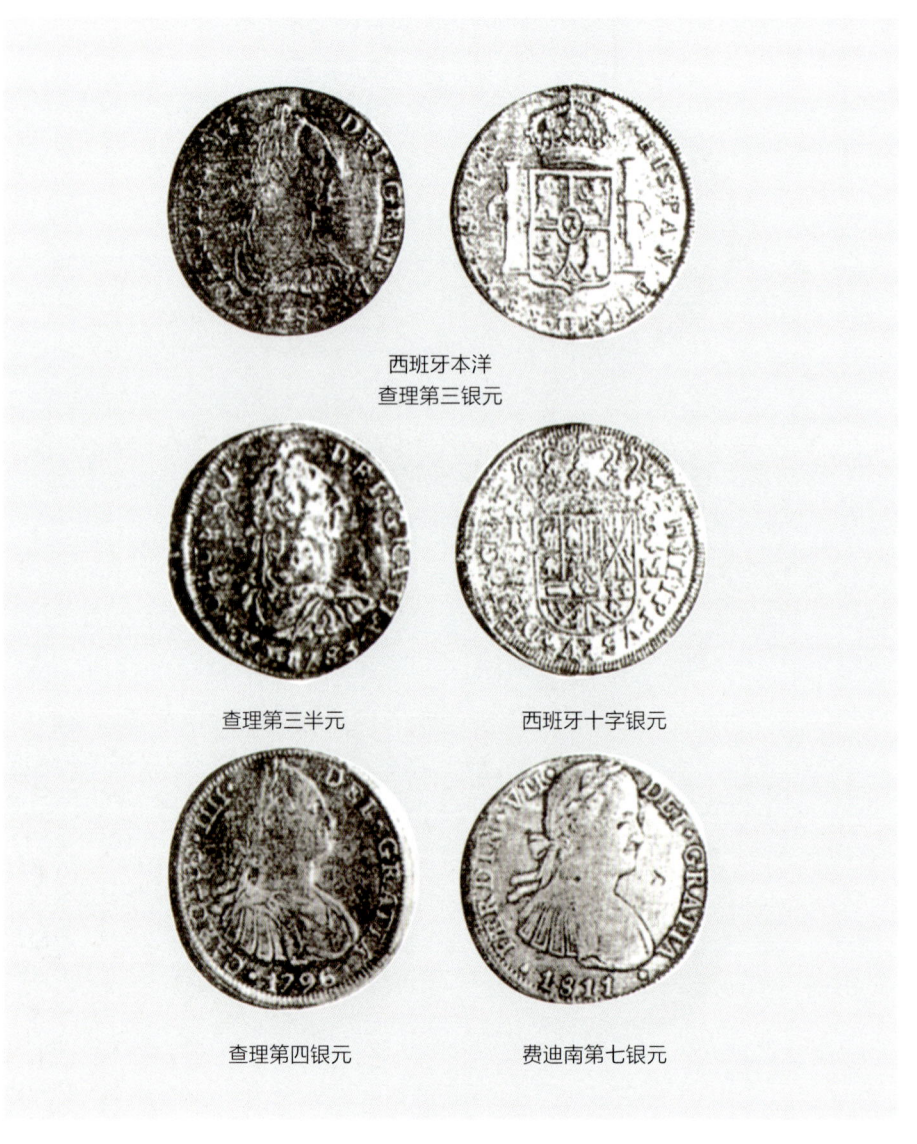

查理第三半元　　　　西班牙十字银元

查理第四银元　　　　费迪南第七银元

西班牙银元

法，大大地方便了贸易交往。

后来，"本洋"在中国的市场地位被之后流入的鹰洋等其他外币所削弱，加之"本洋"后来停铸和中国"袁币"发行，使"本洋"渐渐失去了在中国市场的地位。

"本洋"发行的时间是1775—1809年，大约共发行了27种。其重量为27.07克，成色为90.3%，因为在中国流通的外国银元中"本洋"的数量比较多，所以现在在中国市场存世的"本洋"的价位并不高，几百元就可以购买到，而且各个年号之间的"本洋"价格差距也不大。

除西班牙双柱之外，还有墨西哥双柱、智利双柱、秘鲁双柱、玻利维亚双柱、哥伦比亚双柱。

墨西哥双柱：很可能是墨西哥人摩仿先前西班牙在墨西哥所铸的双柱图案银元而铸造的。但墨西哥双柱大约仅有4种年号（1808－1811），其图案、重量、成色甚至市价均和西班牙双柱相同。仅在1808年，有一枚墨西哥双柱市价高于其他的双柱，市价也仅200多元。

智利双柱：此双柱大约仅发行了8个年号（1801－1808），其重量为27.07克，成色为90.3%，平均市价在几百元至千元左右。

秘鲁双柱：此双柱和智利双柱发行的年号相同，其重量为25克，成色为90.3%，市场价在一二百元之间。

玻利维亚双柱：此双柱和以上两个双柱发行的年号相同，其重量为27.07克，成色为89.6%，市价在百元左右。

哥伦比亚双柱：又称为"南美双柱"，其发行年号和以上三种双柱相同，重量为27.07克，成色为89.6%，在双柱中其市价也是最高的，平均在几千元左右，全品相的可达万元。

2. 墨西哥银元

墨西哥是地处古玛雅文化中心之一的美洲文明古国。公元1519年，西班牙侵占了墨西哥，开始了长达300余年的殖民统治，其统治疆域包括今危地马拉直至美国等地，这段时期被称之为新西班牙。至此以后，墨西哥人民开始了漫长的反殖民主义的斗争。1821年，墨西哥才宣布独立，但政局一直处于动荡不安的状态。1905年，墨西哥合众国成立。1917年，墨西哥修订了宪法，使政局逐步稳定下来。

鹰洋（新墨西哥洋）

墨西哥是世界上发行银元最多的国家。1823年，墨西哥开始铸造鹰洋；1863年，墨西哥将铸造的银元币面改为衔蛇鹰徽和光芒四射的自由帽图案，取消了先前的西班牙国王头像图案，该银元即为"鹰洋"。在众多种类的墨西哥银元中，它是最具有特色的。之后，它以很快的速度流入我国的市场，使用范围越来越广。

墨西哥鹰洋有新版与旧版两种。其中，新版的币面正面是一只飞鹰，口中衔一条蛇，站在仙人掌上，是墨西哥国徽的造型。上面铸有西班牙文，下面为花叶状。而背面为丘形自由帽（或称教士帽）放出光芒，帽下为西班牙文字。所以，墨西哥鹰洋又俗称为"英洋"（"鹰"误作"英"），我国北方各省多称作"正英"。旧版和新版的正面图案是相同的，区别在于银元的背面：旧版的币面背面是小丘形自由帽，放出光芒，其下是天平和宝剑，并铸有西班牙文。

  在流入我国的众多外国银元中，鹰洋的数量是最多的，而且其成色长期一直没有变，比其他外币要好。这点可以从宣统二年（1910）度支部的调查资料中了解到：当时在中国流通的外国银元的数量约十一亿枚，而鹰洋就占其中的三分之一。其流通最广的地区是我国的南部、中部各省，如上海地区几乎把鹰洋作为通货兑换的标准，鹰洋成为流通的主币。民国八年（1919）之前，当时上海的外国银行发行的纸币都以此币作为兑换单位。因为鹰洋的成色好，它的市价要比本国的银元要高。所以伪造仿冒的特别多。我们在这里简要地介绍一下鹰元的版别及特点，希望能为更多的收藏爱好者提供一些帮助。

  鹰洋的年号版别之多，是其他银元所不能比的。同年号的就有许多种版别，其版别的标志见年号后的字母，有DLAM、ML、MR、GR、MM、JC、JM、GR、AV、CE、RL、CP、PE、JP、FS、JG、JS、PF、JJ等数十种之多，两个字母后都有一个小点。而我们现在见到的大多是1825年至1904年的。

  虽然鹰洋是在中国流通最多的外国货币，其版别也比较多，但是其重量和成色皆是相同的，重量为27.07克，成色为90.3%。由于现在在中国市场上存世的鹰洋数量较多，市价很便宜，一枚鹰洋的市价在几十元左右。因为版别多，也有一些发行量少或存世量少的珍罕品，如1864PG、1831MR、1839GR、1847CE、1830LF、1870C等全品相都在数千元一枚。

  鹰元的流通时间比较长，而且版形较多，大约有30种的版别化名。通常情况下，鉴别者有的用花纹命名，有的用符号象形命名。市廛叫法的也不是很统一，所以也就没有依据去证实其真假。我们现在只能以早

花旗版鹰洋

年较流行的习惯为准，简要地加以说明。

（1）M花旗（也名其昌或小结）

这种是1870年前的版别，此时期银元的特点是：大小适中，边粗厚而没有刚气，银色偏绿，币面的芒鸟两图花纹凹凸较深，而且带粗糯。西字藤纹老洁而又明晰。因为西字中有"M"符号，所以名M花旗。声音在1860年前尖结，1860年后为尖紧。此版是银元中成色最佳的。

1880年以前的版别大小和之前的相同，此时期银元的特点是：芒鸟两图花纹较前稍细糊，银色绿中稍带白气，而且声音尖紧，边道也近似粗边而极糯。其中1876年的版别，形状和喷银有些相似。

1887年以前的版别相对要小些，此时期银元的特点是：芒鸟两图和西字藤纹明糊参半，银元的声音尖结，银元的颜色为银白色，边道比较粗，所以称为粗边。这种版别只有1884年版图案中的花纹最刚，银色最白。

在1888年和1890年之间所铸的版是花旗版中特别的版式，版样不但很小，而且其结练非凡，所以被称为小结版。银元币面的两图不但清晰，而且花纹细洁活泼，银元的银色和之前的几种相比较要稍微绿些，不过带有刚硬之气，声音结实，边道的细匀和其他品种不同，所以也被称为细花边。其中，只有1890年有一二版稍大，声音也偏紧些。

1896年以前的版比1884年版的尺寸要稍微大些，此时期银元的特点是：两图花纹适中，稍有刚气。西字藤纹不是很明晰。银元颜色为银色，白中带黄，声音宽扬，边道刚紧，和细花相近。只有1894、1895年所铸的版最大且刚。近几年中，木声银元的数量最多。

1897年所铸的版，和先前的版不同的是：版大、较厚，有一股空松之气。银元的两图花纹细活而没有刚气，虽然版大，但是从视觉上看其外形比较小。银元的银色白中带青，而且声音宽空。边道细匀，而且极厚。因此，该版银元也被称为细花边。

（2）Z^{S}大英版（也名宽版）

它是1860年及之后几年的版，此银元的特点是：芒鸟两图

大英版鹰洋

模糊不清，西字藤纹粗糯不是很清晰，形状大小适中，银色白黄，声音在尖结、尖紧之间，边道齐匀带粗，近于粗边。鸟图和其他版的不同点就是：边圈平坦，鸟头呈三角形状，脚粗短，嘴大身小。

在1870年和1881年间，所铸的版要比先前的那些版稍微大些，此银元的特点是：鸟图形式和先前的版相同，两翅花纹较清晰，银色白中带绿，声渐宽扬，边道匀白带糯，眼空浅深不一。此版的特点是歪斜不整，或左阔而右狭，或右阔而左狭。

1886年以前的版渐大，此时期银元的特点是：芒鸟两图形状和前十年不一样，银色黄白兼有，和先前的版样歪斜处相比较要稍微好些。声音也随之宽短，花纹高低不平，鸟图带有刚硬之气，边道入于普通。

1987年以后的版和之前的相比较要稍微小些，此时期银元的特点是：两图花纹明晰、细洁，没有刚气，声音尖紧，边道平匀，和细花相

近，神色润白。

1890年后所铸的版更大，和1897年的花旗版相近。此时期银元的特点是：芒鸟两图花纹适中，西字不是很清晰，鸟眼大且明亮，鸟翅高低不平，声音宽空，银色白中带有红黄之气，版子不实，致使带有一种空松之气，所以宽版的名称由此而来。边花宽紧适中，入于普通。在这几年内，所铸的银元差别不是很大。

（3）G满心如意版（G°也名团头如意，G^A也名三角如意）

如意版鹰洋又分为满心、团头、三角三种。在满心之后，三角和年份较相近。1870年以前，满心开始发行；1870年以后，团头和三角相继发行。它们的版子和神色花纹，相差不是很大。

团头如意版鹰洋

满心如意版鹰洋

1870年以前，所铸的版称为满心。其版样的大小和1887年的花旗版别较为相似，但二者在两图的花纹神色上却稍有差异。因为该版银色较好，糯熟，虽然芒鸟两图和西字藤纹稍微有一点模糊，但是不影响整体效果，所以位居众版之首。此版的特点是：声音尖结，花纹老洁，边圈和边道都是平圆的，眼孔极浅糯而近似粗边。这种含有较多金质的银元流入市场之后，多被商人收集后熔化，以提取其中的金质，所以市面上流通的数量日益减少。

1870年以后，所铸的团头和三角的版比较大，此版的特点是：银色白绿，芒鸟两图及西字藤纹较为清晰，鸟图两翅凸且壮，声音在尖结、尖扬之间，边道糯，边花粗，和粗边较为相近。这段时间的版式，其实大体上是相同的，只是在大小、神色、花纹上有些差别。

1885年以前的版，大小没有变化，它的特点是：芒图花纹不是很明晰，鸟图平坦，没有凹凸的形状，两翅极壮，羽毛清晰，银色白绿，声音扬中稍带尖紧之音，而边道糯气比其他版的要稍差些，和细化边较为相近。在这段时间内，所铸造的银元的两图大体上都是相同的。只有在1884年的版中，其神色最白而略带黄色。

1886年以后的版，其版式、大小、神色和1896年的花旗版较为相似。此版的特点是：鸟图羽毛和西字藤纹细洁明晰，但带有刚硬之气；声音尖扬，两图在神色上和先前的版有很大的区别，银元的边道也较为普通。

1890年后所铸的版，其版样比先前的要稍大些。其特点是：银色白黄而没有绿气，声音尖扬，花纹并没有刚硬之气，和先前的版相比较稍有差别，鸟图两翅也要比以前的瘦些，边道和细花也较为相近。这段时间内所铸造的银元大体上相同。

（4）A硫黄版（也名三角版）

1870年以前所铸的版大小适中。在众版中更为少有的是芒鸟两图和花纹的模糊程度。因放入太多的铜质，该版神色发红黄，带有浮华之气，所以称之为硫黄版。此版的特点是：声音尖紧，边圈平坦，边道两旁凸而中间凹，所以也叫双边。由于当时成色欠佳，其市价要低于其他版的银元，才可在市场上流通。

1875年以前的版，和1870年以前的大同小异。其特点是：神色红黄，少浮华之气，声音宽短，芒鸟两图花纹粗细不一，西字藤纹较明晰，边道粗糙，凹凸稍差些，在双边中带有粗边之神气。

1880年以前的版要稍微小些，其声音和小结版较为接近。此版的特点是：芒鸟两图神色青浮，而光滑之气虽和先前相同，但在芒图中表现得更为突出，可以和废币中的圈土相媲美；鸟图中，鸟的眼毛自然明晰，边道粗平，近似于单边。

1885年以前所铸的版，它的特点是：声音尖扬，边道各别。其银色和以前版别的相比较要

硫黄版鹰洋

佳，多绿气，少白气，和满心版不分上下。但满心版的芒鸟两图花纹的糯气要强于此版。

1890年以前的版，其版样大小适中。它的特点是：银色白中带有黄气，花纹粗细不一且稍带紧势，芒鸟两图和西字藤纹模糊，鸟形及两翅和其他银元的不同之处是：羽毛细简，形如芦花，鸟头略带长势，声音宽空，边道平匀，眼孔稍深。这段时间所铸造的银元，其鸟形大同小异。

1890年以后的版稍大，它的特点是：神色白中略带黄，稍有清浮之气，芒鸟两图和西字藤纹形式没有变化，声音宽空，边花细匀，而眼孔尚明晰，也可以称为双边。

（5）C^N半月版（C^A也名三角半月）

半月版中的符号分别有C、C^N、$C^\wedge$、C^A四种，而通常在称呼上只分半月和三角半月两种，其差异处是通过检测这四种的声音边道和芒鸟两图的神气而确定的。它和半月、三角半月的叫法相符。但不同于如意版中的"团头"和"三角"这些称谓。

① 半月版

1860年后所铸的版大小适中，其特点是：神色白中略带绿气，声音尖扬，芒鸟两图及西字藤纹尚明晰，较粗笨，边纹比较紧凑，且粗细不一，和细花边较为相近。

1870年后所铸的版，要比先前的那些版稍微大些。其特点是：银色白黄，声音尖扬。其中以1877年版的芒鸟两图花纹最刚，和1884年的花旗版极其相近。在这段时间内，所铸的版，除了边道上有所区别外，其他地方大同小异。

1880年后所铸的版，其大小、银色和先前的版是相同的。其特点是：声音宽扬，西字藤纹较为整洁明晰，稍带刚气，边道粗细平匀，入于普通，其芒鸟两图形色和1886年的大英版较为相似，边圈凸出，而底面的中图凹进。

1890年后的版比先前的版要稍大些。其特点是：银色多黄少白，声音和以前的相比要略带紧势。其中1894年的版，虽然其芒鸟两图及西字藤纹较为明晰，但稍带刚硬之气，和净铜极其相似，而其他的花纹尚明晰，边圈较平，边道也入于普通。

半月版鹰洋

半月版鹰洋（又一种）

②三角半月版

1870年后所铸的版，它的大小和19世纪80年代的花旗版较为接近。其特点是：银色青浮，声音尖扬，芒图及西字藤纹尚明晰，鸟图形状和19世纪70年代的如意版相同，鸟的两翅状满，羽毛明晰，边圈和西字相连且带有绉状，边道很薄，粗圆带偏，和单粗边相同。

1880年后的版要比先前的稍小些，其特点是：银色白中带有青气，声音尖紧，芒鸟两图花纹形状散漫且略有模糊，芒脐略凹，版形稍偏，边道较厚，粗细不一，略带黄色，其形状和粗边较为相似，边圈与西字藤纹相连且带有绉状，然模糊的青浮之气和喷银极为相同，其中表现最明显的就是1886年的版。这种绉形和青浮之气，只存在一面。如果在底的话，则不会出现在面上；如果在面上的话，就不会出现在底上。

1890年后的版较大，其主要特点是：银色白黄，声音紧扬，芒鸟两图花纹适中而带紧势，西字藤纹较模糊，边圈的相连处不及先前的版，边纹粗细不一，略有粗边之神气，其模糊青浮之气和以前的相比较要稍好些。

（6）拳头版（也名单边版）

1865年以前的版，其版样大小适中。其特点是：银色浮绿，声音尖结，边圈歪斜，芒鸟两图及西字藤纹粗而模糊，失去自然气息，边道两肩圆，眼孔浅，称为单边，其形状也和圈土相类。在这段时间，所铸造银元的底面的神色多少会有些不同之处。

1865年以后的版样，要比1865年以前的稍微大些。其特点是：银色白中略带黄气，声音尖紧，芒鸟两图不相符合，西字藤纹比先前的要明晰些，略带刚硬之气，边道刚紧，和粗边较为接近，鸟的头形扁方，

拳头版鹰洋

身形很小，眼空，翅膀模糊，和其他版的不一样。

1870年后的版大小同上，其特点是：银色红黄，芒图的中心点呈凹状，鸟图比先前的要略大些，两翅极壮，两图花纹粗糯自然，声音在扬、紧之间，边圈略歪，边道平而模糊，眼孔很浅，也可称为单粗边。

1886年以前所铸的版很小，其特点是：银色甚绿，芒图呈微凹状，鸟图形状略圆，两翅甚壮，羽毛不清，声音尖结，两图花纹边粗糯而自然，边圈呈平状，边道浅而糯，也称之为单粗边。

1886年以后的版比先前的要略大些，两图的形状极其相似，由于版大，在视觉上芒鸟两图呈现出圆形且较为瘦小，西字藤纹粗细适中。此版特点是：银色白，声音尖扬，边道粗斜，眼孔偏深，也称之为粗边。

1890年后的版，其版样大体和以上的较为接近。其特点是：银色白中带青，声音扬中略带宽气，两图花纹明晰，而稍带刚硬之气，边花较为紧凑而带环，称之为粗边。在这段时间，其特征大体上差不多是相同的。

（7）H 双工版

双工版的名目多，符号也不一致，但我们都将其统称为双工。相关符号大致如下：

（H 新王）（H 老王）（ii 单边王）（N 佛兰西）（N 王版）

在以上五种版中，市场上流传最广的是新王，其次就是老王。我们按其铸造的年份加以介绍：

1860 年及其之后的几年的版都比较小。其特点是：银色白中略带绿气，声音介于尖、紧之间，芒鸟两图光精，花纹细洁明晰，鸟形呈圆状，两翅壮，边道粗糯，歪斜明显，眼孔很浅，和拳头版的单粗边较为接近。

1870 年及以前几年所铸的版，其版样大小适中。其特点是：银色白，声音略带空气，芒图花纹极为洁细，西字藤纹的位置和其他版的不尽相同，边圈平阔而无花，边道歪斜，眼孔浅而带糯，和弯弓版的双边较为接近。鸟图中，羽毛清晰，头圆，眼清，嘴弯，这是和其他版的不同之处。

1880 年后的版比较小，其特点是：银色不是很白，声音结实，鸟的两翅极壮，羽毛和芦花极为相似，不是很明晰，芒图及藤纹略带散漫之神气，西字和其他版相比较要略小些，其形状和硫黄版 1886 年以后、1890 年以前的较为相近。此版和先前的一样，边道歪斜不齐。

双工版鹰洋

1890年后的版较大，其特点是：银色较白，声音尖扬，芒鸟两图花纹明晰，且带有刚硬之气，鸟形不是很大，两肩略带偏势，此版和先前的一样，边道浅糯。

（8）D弯弓版

1870年的版非常小，其特点是：银色甚绿，略带浮滑之气，声音尖扬，西字藤纹粗而不清晰。虽然版子很小，但其芒鸟两图的尺寸却很大。鸟图中间凹，边圈和西字相连，边道两肩为扁圆形，边花不是很清晰，其形和单边极为相似。

弯弓版鹰洋

1870年后的版极大，其特点是：声音宽空,银色白中略带红黄，芒鸟两图和花纹，不但粗，而且刚硬之气极为突出，鸟身大，头眼向上。若带有尖扬声音，就可以断定是土版和净铜等物，边道细而匀，花略带环势，两旁凸，中间凹。虽然此花和细花边极为相近，但也只能称为双边，而不能称为细花。

1880年后所铸的版比较小，其特点是：银色白绿，声音尖结，芒鸟两图花纹尚明晰，边圈和西字相连，芒图偏大，鸟图官整，鸟的两翅及羽毛细明而又壮，边道的凹凸比先前的要略好些，边眼也较以前的略深厚些，也称其为双边。

1890年后所铸的版大小不等，其声音也跟随版的变化而变化。其特点是：银色白黄，西字藤纹粗细适中，芒图中间略凹。鸟图中，鸟的体形较瘦小，羽毛屈指可数，边圈很高，边道粗匀，且和之前的相比较要略厚些，也属于双边的一种。在这段时间，所铸造的版差别很大。

墨西哥鹰洋
　　直径39毫米　重量27克

墨西哥鹰洋
　　直径39毫米　重量27克

墨西哥鹰洋
　　直径39毫米　重量27克

墨西哥鹰洋
　　直径39毫米　重量27克

墨西哥鹰洋
　　直径39毫米　重量27克

墨西哥鹰洋
　　直径39毫米　重量27克

墨西哥鹰洋
　　直径39毫米　重量27克

墨西哥鹰洋
直径39毫米 重量27克

中篇 种类特征

墨西哥鹰洋
　　直径39毫米　重量27克

墨西哥鹰洋
　　直径39毫米　重量27克

3. 英国"站人"银元

英国是位于欧洲西部大西洋中的岛国。16世纪中叶，英国国王亨利八世改变对外策略，逐渐把国策从以欧洲大陆为重心转移到海上，使英国很快成为海上霸主。后来，随着工业革命的兴起和大败当时的竞争对手法国，在19世纪维多利亚时代，英国成为世界的强国。

1895至1935年，在印度，英国连续多年发行币面铸有英文、中文、马来文的东方贸易银元——"壹圆"。此银元的正面是一位站立的女人，左手拿着杖，右手扶着轮子，周围是丁字花边；背面中间为如意回纹图，图内铸有"壹圆"2字和小号马来亚文，我国俗称"站人洋"。

站人洋

4. 美国贸易银元

美利坚合众国位于北美洲的中南部。其领土原来是印第安人的居住地。1492年哥伦布发现美洲大陆后，欧洲的殖民者争先恐后来到这片土地上，霸占矿山资源，疯狂掠夺财富，残酷地屠杀当地的印第安人，迫使他们迁移。17—18世纪初，英国的殖民者先后在北美洲的东海岸建立了13个殖民地。后来，这些殖民地和宗主国英国，因为利益方面发生了激烈的纷争，最后矛盾被激化而导致了独立战争。1776年7月4日在费城通过"独立宣言"，宣布了美利坚合众国的成立。

美国贸易银元（俗称"一枝花"），1873年开始铸造，主要用于各国间的贸易。银元的正面铸有一个坐立的女人（自由女神），左手高举一枝花，周围用13颗六角星围绕，而背面是展翅高飞的雄鹰，爪握三支箭及一枝花，周围有英文字。该币重量为27.22克，成色为90%，1877年10月停铸，1887年3月下令收回，其成色较高，所以被中国银炉熔化的比较多。

1916年，美国将其银元的币面的正面图案由先前的坐着的自由女神像改为行走的自由女神像，背面图案改为鹰徽。

5. 安南银元

1884年，越南沦为法国保护国，被分为东京、安南、交趾三部分。第二次世界大战结束后，越南人民经过长期的艰苦的抗法斗争，终于在1954年迫使法国签署了《日内瓦条约》，正式承认越南独立。

1885年，开始铸造安南银元。当时是为了抵制墨西哥银元和美国贸易银元。其币面的正面是一位坐立的女人，头戴七角形帽子，右手扶着桩，在人像的两旁铸有法国文字；背面是花环，其环内用法文围绕。此银元的重量为27.22克，因为其成色较高，所以很多被熔化或藏匿起来，在市场上几乎不流通。1896年，又制造重量为26.96克的银元，流入中国南部。

1884年以前，安南未沦为法国保护国时，就已经铸有多种银元：

（1）明命通宝

在明命帝（圣祖1820—1840）统治期间，铸有明命通宝。共铸有三种，分别是十四年、十五年、十六年。

（2）绍治通宝

在绍治帝（宪祖1841—1847）统治期间，铸有绍治通宝。此银元的正面铸有帝号和"通宝"二字，背面大部分是治国安民的吉语。其版别不少，也有小型的绍治通宝，背面有"三多""三寿"等字样。历来人们乐于收藏，是很难集到的币种。

（3）嗣德通宝

在嗣德帝（翼宗1848—1882）统治即安南处于法国的保护国期间，铸有嗣德通宝，共有10余种。

明命通宝（明命十四年）

明命通宝（明命十五年）

明命通宝（明命十六年）

安南绍治通宝

安南绍治通宝

安南嗣德通宝

6. 日本银元

在明治、大正年间，日本也曾仿铸墨西哥银元，有明治三年、十年及大正三年多种。由于日本深受中国文化的影响，所铸硬币的币面都铸有汉字。其银元的正面铸有"一圆"二字，背面中间为龙珠图案，其重为26.956克，成色为90%，由日本政府铸造。1897年，此币流入中国，流通于当时的厦门、福州、九江、南昌、汕头等地区。因为币面铸有龙纹，所以又称之为龙洋。

日本明治十八年银元

日本明治十九年银元

日本明治二十七年银元
　　直径38毫米　重量27克

中篇　种类特征

日本明治二十九年银元

日本明治三十年银元
　　直径38毫米　重量27克

日本明治三十八年银元

日本明治四十五年银元

日本明治四十五年银元

日本明治四十五年银元

日本大正三年银元

7. 秘鲁银元

秘鲁是美洲文明古国印加帝国的中心。其地理位置位于南美洲的西北部，紧邻太平洋。1531年之后，西班牙侵占秘鲁，建立西班牙秘鲁总督管辖区。后来，在玻利瓦尔和圣马丁两位杰出领袖的领导下，他们和秘鲁人民一起反抗西班牙的殖民统治。1821年，解放主义领袖圣马丁，宣布了秘鲁共和国的独立。1879年，西班牙才正式承认秘鲁独立。秘鲁的矿产资源较为丰富，除拥有石油、天然气、铜、锌外，还拥有居于世界首位的铋和钒。此外，秘鲁还储有大量的金、银、铁、铅、磷等矿产资源。所以，秘鲁也是生产金银元较多的国家。在1821年独立以前，秘鲁所发行的钱币全部是金、银元。其中，也包括了和墨西哥银元相同或是较为接近的双柱银元。1821年独立后，秘鲁开始发行秘鲁银元。银元的正面把先前的西班牙国王头像改为自由女神立像，而背面是盾徽，四周的文字是秘鲁国名。其中，在我国流传较多的是8瑞尔银元，俗称为"站洋"。

秘鲁银元

8. 荷兰银元

荷兰位于欧洲西海岸，濒临北海。16世纪时，荷兰沦为西班牙的殖民地。后来，荷兰人民在奥伦治亲王威廉一世的领导下开始为推翻西班牙的殖民统治而斗争，这就是历史上有名的尼德兰资产阶级革命。1581年，荷兰宣布独立。1648年，西班牙才被迫正式承认荷兰独立。1904年，荷兰发行的威尔明娜女王头像银元，其币面的正面是女王的头像，背面是狮盾徽，面值为1盾。

荷兰银元

9. 柬埔寨银元

柬埔寨位于中南半岛的南部，东面和越南接壤，北面和老挝为邻，西面和泰国交界，西南方濒临暹罗湾。它是东南亚地区历史悠久的文明古国，建国于公元1世纪下半叶，经历了扶南、真腊、吴哥等时期。其中9—14世纪的吴哥王朝，国力最为强盛，诞生了历史上有名的吴哥文明。1863年，法国侵占了柬埔寨，并签订了《法柬条约》，使柬埔寨沦为法国的保护国。第二次世界大战期间，柬埔寨曾一度被日本所侵占。1945年日本投降后，柬埔寨又沦入法国的手里。1953年11月9日，柬埔寨宣布独立。以下几种代表性的银元为柬埔寨那时期的主要种类。

（1）柬埔寨一比索

此银元是法国人在1860年代铸的机制币。银元的币面上除了有安南文外，还有华文一元与西文批亚士，以及一比索三种单位。银元的铸造相当精美非凡，实为难得。

（2）柬埔寨四法郎

此银元为法国人于1860年代铸的机制币。其银元正反面只有西文四法郎的字样。

柬埔寨一比索

柬埔寨四法郎

柬埔寨一法郎

（3）柬埔寨一法郎

此银元也是法国人于1860年代铸的机制币。其银元正反面仅有西文一法郎字样。

10. 暹罗（泰国）银元

暹罗位于中南半岛中南部。向南延伸到马来半岛北部，分别和柬埔寨、老挝、缅甸、马来西亚交界，东南濒临暹罗湾（太平洋），西南濒临安达曼海（印度洋）。1238年之后，逐渐形成了较为统一的国家，先后历经素可泰王朝、大城王朝、吞武里王朝和曼谷王朝。16世纪，西方的资本主义国家如葡萄牙、荷兰、英国、法国等纷纷侵占暹罗，使其沦为半殖民地。19世纪末至20世纪初，英、法两国围绕中南半岛展开激烈的争夺，后来在1896年和1904年双方达成协定，规定暹罗为英属缅甸和法属印度支那间的缓冲国。暹罗成为东南亚唯一没有沦为殖民地的国家。19世纪末，拉玛四世开始引进西方先进的制度，进行社会改革。1932年6月，拉玛七世王时期，因为受到当时世界经济危机的影响，暹罗国内发动政变，建立了君主立宪政体。1939年改国名为泰国，后来在第二次世界大战时曾使用旧名，到1949年再度改国名为泰国，沿用至今。

在暹罗所铸造的钱币中，以金银为材质的机制品比较多。而最为珍贵的，有以下两种：

暹罗郑明通宝

暹罗Mongkut王币

（1）郑明通宝

此银元铸于暹罗王拉玛四世（郑明）时期，所以命名为郑明通宝。它是最初铸造的品种，其银元的背面是三塔和花纹。至此以后，暹罗铸币，沿用其三塔图案。此币的特点是形状较大、铸造精细美观，堪称极品。

（2）Mongkut王币

此银元铸于Mongkut王（英文译音）在位时期（1851～1868）。此银元的正面是暹罗王肖像，背面是三塔和花纹图案。至此之后，以三塔（无花纹）、国王肖像、巨象为图案的银元，是暹罗铸币的三种形式。此种银元是极其少见的。

11. 缅甸银元

　　缅甸位于中南半岛的西部，西北部和印度、孟加拉国接壤，东部和中国、老挝交界，东南部和泰国为邻，西南濒临孟加拉湾和安达曼海。它也是一个历史悠久的文明古国，据相关史料记载，早在公元1世纪，缅甸就出现了奴隶制国家。1044年浦甘王朝国王阿奴律陀即位后，统一缅甸。先后历经蒲甘、东坞和贡榜三个封建王朝。17世纪初，英国开始进入缅甸。在1824至1885年间，英国先后发动3次侵缅战争，并最终占领了缅甸。后来，英国采取"以印制缅"的政策，把缅甸划分为"上缅甸"和"下缅甸"，将其划为英属印度的一个省，并让政府设于仰光。1937年，缅甸脱离英属印度，英国为其创制了一套独特的缅甸宪法，同意缅甸人民可以控制国家内政，但直接受英国总督的统治。第二次世界大战期间，日本在1942年占领了英属缅甸。后来，有"缅甸国父"之称的昂山将军领导英勇的缅甸人民经过艰苦的斗争，取得了胜利。但缅甸仍受制于英国。之后昂山的继承人德钦努（Thakin Nu）继续领导独立运动。1947年10月，英国被迫公布缅甸独立法案。1948年1月4日，英国议会正式承认缅甸联邦共和国的独立。1974年1月，缅甸联邦共和国改称缅甸联邦社会主义共和国，1988年9月23日改称"缅甸联邦"。

　　在1852至1856年间，所铸的缅甸银元为机制品，其重量和卢比相同，银元的币面一面是孔雀图案，另一面是花纹图案，而且其铸额也比较多些。

（1）富字正银一两、半两

在第二次世界大战期间，中国及英、美的军队在中、印、缅驻守，为了满足当时军队的需要，缅甸曾铸有三种银元，它的性质和过去的饷银极为相似，用漕平衡量其重量。富字正银分一两、半两两种，边有齿线。

缅甸铸"富"字银元
重量18.9克

缅甸铸"富"字银元
重量37.8克

（2）鹿头正银一两

鹿头正银一两为光边银元，其铸造数量很少，堪称人间珍品。

12. 蒙古银元

蒙古国是世界上第二大内陆国家，位于亚洲的中部，其东、西、南部均与中国接壤，北部和俄罗斯交界。1921年，蒙古人民革命取得成功，7月份建立了"君主立宪政府"。1924年，第一届大人民呼拉尔在库伦召开，宣布废除君主立宪制，成立蒙古人民共和国。1945年2月，英国的丘吉尔、美国的罗斯福、苏联的斯大林三国首脑在克里米亚半岛的雅尔塔举行会议，会议规定："外蒙古（蒙古人民共和国）的现状须予维持"，并以此作为苏联参加对日作战的条件之一。此次会议又称为克里米亚会议（Crimea Conference）。1946年1月5日，当时的中国国民党政府承认外蒙古独立。1949年10月16日，蒙古和中国建交。1992年2月，改名为"蒙古国"。

1925年，蒙古国曾委托苏联列宁格勒铸币厂铸有吐格里一元币、五十蒙、二十蒙、十五蒙和十蒙五种银元。其中，吐格里的重量是仿卢布而铸造的，约20克为1"吐格里"；作为其辅币计量单位的"蒙"，每一蒙重约0.5克。

第六章
中国银元的种类及特征

一　不同时期中国银元主要概况

1. 清政府铸币

鸦片战争前后，外国银元源源不断流入中国，银元因为具有形式、成色、重量划一，便于计数等特点，所以很快被大众所接受，其流通区域和使用范围越来越广。多数人把银元和银两视为等值，所以许多钱商趁机牟取丰厚的利润，同时西方资本主义国家也利用鸦片战争，使我国大量的白银外流，引起了白银恐慌。1887年，两广总督张之洞向当时的光绪皇帝建议改革币制，得到允许后，在广东省筹建了中国第一个造币厂。银元发行后，反馈效果较好。至1897年，中国的其他几省纷纷活跃起来，开始设建造币厂，但由于各省各自为政，所铸银元的形状、重量、成色不一，致使当时的金融市场和商品市场混乱不堪。

清政府为了独占丰厚的利润，遂将银元的铸行权收归中央所有。1899年6月，清政府筹建了中央造币厂——"京局"，不过很快毁于1900年的八国联军入侵中。有人将被抢出的五种钢模和一角、二角的几个试铸币转售，并利用这些钢模私自铸造了几套银元。1903年，天津户部造币总厂建立，开始铸造银元。如户部光绪元宝、丙午户部"中"字大清银元、丁未大清银元、造币总厂光绪元宝、宣统年造大清银元、宣统三年大清银元等系列先后由该厂发行。1923年和1926年，民国政府还在该厂铸造了三种龙凤银元。在清政府所铸造的银元中，具有代表性的币种有以下九种：

（1）京局一角二角

清代中央政府开始铸造银元的时间比地方要晚些。其开始于1899年，由清政府的户部所属的北京造币厂所铸造的京局一角二角。不久之后，八国联军入侵北京，北京的造币厂就毁于其中。此币铸造的数量很少，而且之后也没能续造。该币铸造精良，成色较好，流传于市的也极为罕见，所以显得尤为珍贵。

京局制造（庚子）光绪元宝库平七钱二分
直径39毫米　重量30克

（2）户部一两及辅币

光绪二十九年（1903），由天津造币总厂试铸，共有一两、五钱、二钱、一钱、五分五种。此银元的背面除用西文铸有光绪二十九年字样外，还铸有"户部"二字。此币铸造质量非常好，又试铸的数量很少，没有用于流通，所以称得上极品。

（3）丙午户部一两及辅币

光绪三十二年（1906），由天津造币总厂铸造，共有一两、五钱、二钱、一钱四种。其中一两，就是为次年所实行的一两银元本位制而铸造的，并计划在全国推广，但因遭到各地的抵制而没有实行。该币的正面边缘是刻有水纹的图案，制作相当精细、美观，背面是"大清帝国银元"的西文图案。此币因为没有正式流通，所以也堪称世间珍品。

（4）丁未一元及一两辅币

光绪三十三年（1907），由天津造币总厂仿"丙午壹两"改铸而成，共有一元、五角、二角、一角四种，但没有用于流通。因为该币的重量、成色比较好，所以它也堪称世上罕品。

（5）造币总厂银元

光绪三十四年（1908），由天津造币总厂铸造，共有一元、二角、一角三种。此币的正面改用库平纪重制，铸有"造币总厂"字样。该币的铸造数量很大，在全国范围内用于流通。

（6）造币总厂二角错版

此银元的正面和先前介绍的二角币的图案是相同的。不同之处就是此币的背面铸有"宣统年造"的中文字样，"大清帝国铜币"的西文字样。该版显而易见是错版，所以在市面上流通比较少。

（7）宣统二年大清壹元及辅币

这四种银元中，只有五角的银元在市面上用于流通。

（8）宣统二年造币分厂二角币

宣统二年（1910），由造币分厂铸造。其正面的中央是一个小的"吉"字。关于它是由户部造币分厂所铸造的还是由吉林造币厂所铸造的，到现在还没有统一的说法。

（9）宣统三年大清银元

该币是宣统二年（1910），为改革币制，由度支部奏请清政府，由天津造币总厂试铸的银元。共有一元、五角、二角五分、一角四种。

清朝从光绪十年（1884）到宣统三年（1911），对于银元的本位是采用"两"还是"元"制，一直都没有统一过。同样，银元的图案和成色，也是各色斑斓，各省各自为政，也没有达成一致。到宣统三年（1911），清政府颁布了币制条例，才使中央掌握银元的造币权。为了鉴定一种更好的、适当的币制图案，度支部共试铸了一元的主币七种，五角、二角、一角辅币各一种。其中这七种一元的银元，它们的正面图案相同，区别在于背面的龙纹，龙的造型主要有以下六种：第一，长须龙。此种银元一共有两种版别,其背面的龙须的图案较长,正面的双花也稍微有点区别。这两种版别的银元都没有用于流通。第二,短须龙。此银元背面的龙须较短,然而其铸造数量极少,所以也没有用于流通。第三,反尾龙。此银元和其他银元的不同之处,就是其背面是龙尾右转的图案,也没有用于流通。第四,大尾龙。此银元不但铸造数量极少,而且背面的龙尾图案极大,所以也没有用于流通。第五,曲须龙(带点)。此银元的西文右边有一圆点,流通比较多。第六,曲须龙(无点)。此银元的西文后面没有一点,用于流通的数量最多。如曾流通的有三种辅币五角、二角、一角,但五角币数量偏少些。

宣统年造大清银元
直径33毫米 重量13.3克

宣统三年大清银元（反尾龙）
　　直径39毫米　重量26.7克

宣统三年大清银元（大尾龙）
　　直径38.1毫米　重量26.8克

宣统三年大清银元

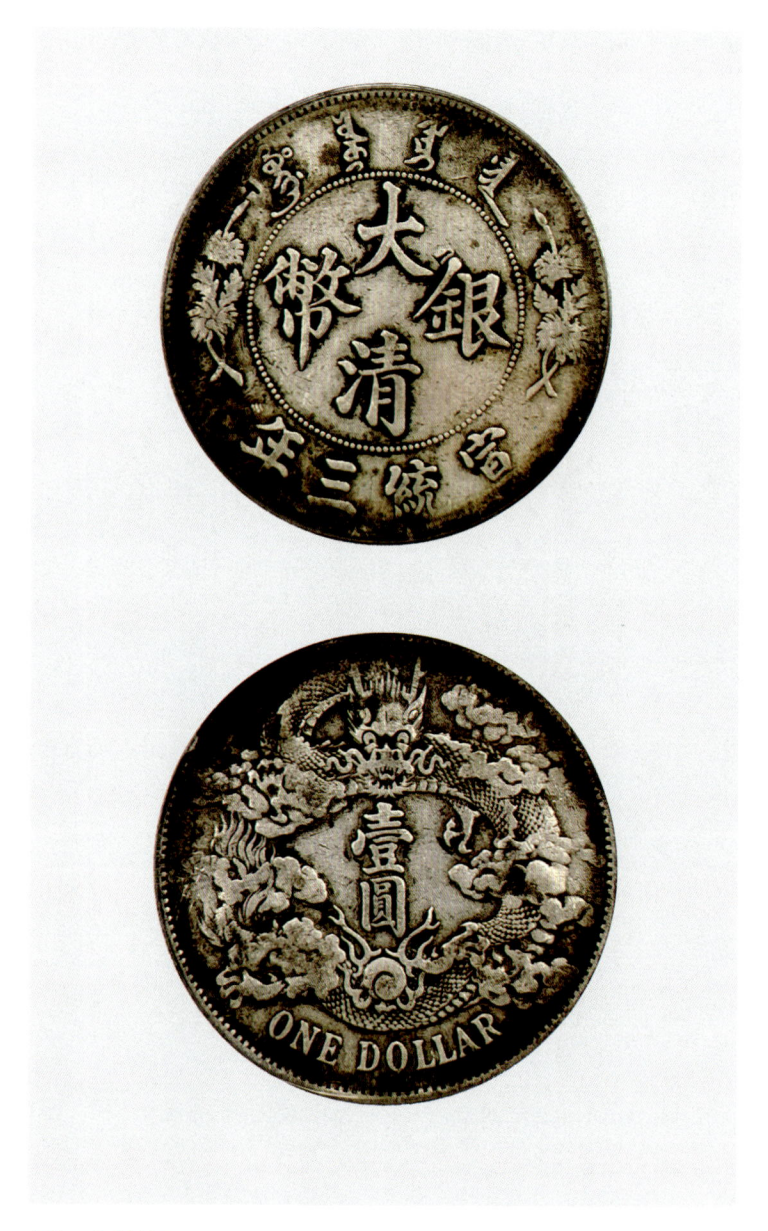

宣统三年大清银元
　　直径39毫米　重量26.8克

2. 民国政府铸币

（1）袁像三年左侧半面无签字试版一元

以"小站练兵"起家的袁世凯，创立清末的北洋军队。光绪二十九年（1903），清朝设立练兵处，袁世凯逐渐将兵权系于一身。1911年辛亥革命后，袁世凯一面挟制清皇室，让资政院选他为内阁总理；另一面和革命军相持于武汉。后经双方谈判后，民国政府做出让步，袁世凯被任命为中华民国临时大总统。1914年颁布《中华民国国币条例》，同时确定铸造以袁世凯为像的新币，由各省分铸，统一其成色、重量、形状，严格按照规定把控其质量，使它成为铸造数量最多、流通最广的银元。如"袁世凯像开国纪念币""共和纪念币"和"飞龙洪宪纪念币"等。其中，"袁大头"从1914年开始铸造到1927年北伐战争取得胜利才停铸，其铸造的数量最大，而且其流通时间也是比较长的。在我国解放初期，中央政府特准许一些少数民族和边远地区如西藏地区，使用"袁大头"，还特地从内地调入"袁大头"以缓解通货的不足。"袁大头"的流通，在当时起到了一定积极的作用：不但抵制了外国银元的侵入，而且使各省自铸银元逐渐被淘汰。此币的正面是袁世凯的侧面肖像和制造的年代，背面是嘉禾图，中间是"壹圆"的字样。此币还有民国三年、八年、九年、十年、十二年、十五年以及大字、小字、签字等版别，重量为库平七钱二分，折市两为0.85968两（26.865克）。

民国初年，仍然由天津造币总厂负责铸造用于流通的大清银元。直到民国三年（1914）二月，财政部颁布民国国币条例，天津造币总厂开始试铸以袁世凯像作为图案的新币。后来，因为种种原因该新币没有被采用。

民国三年袁世凯像壹圆银元

民国三年袁世凯像壹圆银元

民国三年袁世凯像一元银元
直径39毫米 重量26.8克

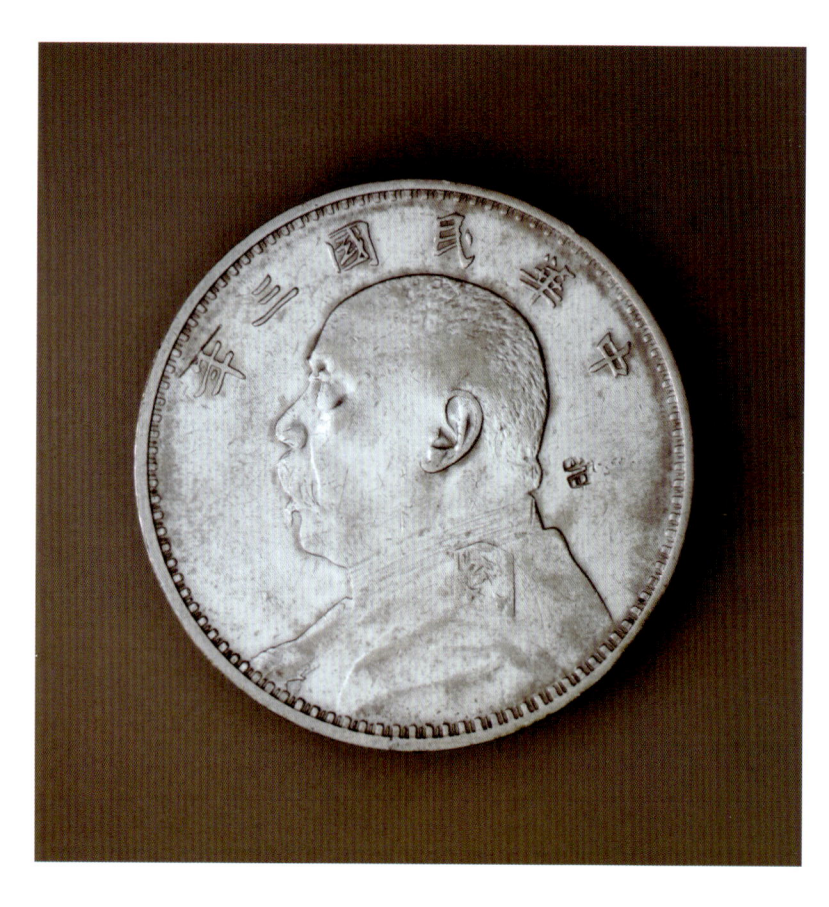

民国三年袁世凯像一元银元

中篇 种类特征

民国三年袁世凯像一元银元
　　直径39毫米　重量26.8克

民国三年袁世凯像一元银元
　　直径39毫米　重量26.8克

民国九年袁世凯像一元银元
　　直径39毫米　重量26.8克

民国三年袁世凯像一元银元
　　直径39毫米　重量26.8克

民国十年袁世凯像一元银元
直径39毫米 重量26.8克

民国三年袁世凯像一元银元
　　直径39毫米　重量26.8克

(2) 袁像三年左侧半面签字试版壹元

此银元和前述的银元大体相同，其区别是此币正面的袁像的左肩上有雕刻人L．giorgi的签字。以上这两种银元都是极为难得的珍品。

(3) 袁像三年左侧半面签字试版半元

此银元的图案和袁像三年左侧半面签字试版壹元相同，其币值为五角。

(4) 袁像三年左侧全面签字试版一元及辅币

民国三年（1914）所铸造的银元。此银元的正面是袁世凯的像，且右下角有制版人的签字。如一元、半元就签有L.giorgi；二角、一角是缩写字母LG.。后经袁世凯确定为国币。虽然这四种银元都被采用，但其流通却很少，尤其是二角、一角的银元堪称珍品。

(5) 袁像三年通用一元及辅币

1914年12月由天津造币总厂铸造的银元。此币和上述的四种银元大体是相同的，其区别是此币没有制版人的签字。之后，武昌、南京、广东、杭州、安庆等地造币分厂纷纷仿铸。因为各厂所铸造的银元各不相同，所以出现的版别特别多，但差别很小，也很难辨别出来，其流通也极为广泛。

(6) 民国五年、八年、九年、十年袁像银元

在袁像币作为通用币后，其后所铸造的银元有五年二角、一角，八

年一元，九年二角、一元，十年一元。有人认为五年二角、一角是由福建省铸造的，其银色极差，用于流通也很不方便。另外，九年二角的铸造数量也是相当的少。

（7）龙凤一元

民国十二年（1923），袁世凯由于恢复帝制，受到全国人民的唾弃和指责。而当时的北京政府以此废除"袁像"的银元，新的国币正面图案改为龙凤，但保持其背面的图案不变。近几年有些专家认为，该币正面的图案是民国元年由鲁迅、许寿裳、钱稻孙等人共同设计的国徽图案，称之为十二章图。图案中有日、月、星辰、山、龙、凤、宗彝、藻、火、粉米、黼、黻十二种吉祥物，其寓意是国运长久。因为图案过于复杂，而且有些帝王的色彩，所以图案也就没有被采用。此币制作精细、美观，是近代中国铸币的杰出代表作品。该币有两种：一种银元的背面，嘉禾内"壹元"二字比较大；另外一种银元的背面，嘉禾内"壹元"二字比较小。两种银元的铸造数量都很少，而第一种的数量更少。

（8）民国十五年孙像一元试版

民国十五年（1926）由广东省造币厂所铸造的民国十五年孙中山像壹元银元的试铸币，没有被用于流通。此币是第一种孙中山像银元的试样，其币面的"壹圆"两字围以嘉禾，流传也是相当得少，据说全国发现不超过3枚，堪称极品。

民国九年袁世凯像银元
　　直径23.4毫米　重量5.4克

民国十年袁世凯像银元
　　直径39.7毫米　重量26.9克

（9）民国十六年陵墓一元（附试版一元）

该币是意大利Platte公司所制的孙像银元，此币制作精细入微、美观。银元的正面是孙中山的正面像，上有"中华民国国民政府"八个字；背面中间有"壹圆"大字，下面铸有"十六年造"，左为旭日青松，右为中山陵寝殿的图案。此币虽然用于流通，但铸造的数量相当少，据说仅有四百枚，属于罕见品。该币又有试铸版，但币面的华文有待修整。因此，这种银元更显得弥足珍贵。

（10）孙像无纪年试版一元

此银元是孙像试样的另外一种，它的正面是孙中山正面像；背面中间为"壹圆"大字，两边用麦穗和花卉点缀，点圈外围绕英文。因为人像太大，无法铸纪年，所以就没有被采用。该币属于试版，而且铸造的数量也相当少，属罕见品。

（11）民国十八年地球试版一元

民国十八年（1929）所铸造的银元。系孙像的试铸币。其币的背面是青天白日旗飞扬全球的图案。该币因为所铸的数量很少，所以显得尤为珍贵。

（12）民国十八年嘉禾一元、二角试版

民国十八年（1929）由天津造币厂制模铸造的银元。因为铸造的数量极少，所以没有用于流通，属于罕见品（壹元币样在"孙像帆船放

洋图壹元"以后）。

（13）孙像帆船放洋图一元

民国十八（1929）铸造。此币为孙像的试铸币。其制模是由意大利等五国雕刻而成的，此币的背面是帆船放洋的图案，而且都是在杭州试铸的，其数量很少。该币共铸有六种试版，分别是日本、奥地利、英国、美国各一种，意大利签字（正面孙像左肩上旁A.Mott.Inc.，背面水浪中为R）一种、没有签字两种。后两种的试版是由美国制造的，而其他几种国别的注释也不相同。其中，又以意大利（或是美国）签字版的最少。

（14）民国十八年金本位试版铜样一元

民国十八年（1929），国民政府不但聘请美国的经济学家甘末尔来华，代立财政方案，提出了金本位币制法草案，而且还向美国费城造币厂定制金本位祖模。民国二十一年（1932），祖模制完后，此铜样的背面就是金本位一元币试样，然后和该厂所铸民国十八年孙像币图案祖模合铸成此试样。试铸版的数量极少，所以显得更为珍贵。

（15）民国二十一年三鸟币一元

民国二十一年（1932），由上海造币厂铸造。后经财政部确定为国币，并开始发行。其币的正面是孙中山像，背面是帆船放洋的图案，其上绘有三鸟，其下绘有太阳。后来，因为背面太阳有落日之嫌，认为不适合作为国币，所以就停止铸造。还未发行的成品全部由中央银行封存，所以在市面上流通的数量极少，更加弥足珍贵。

（16）民国二十一年金本位一元及辅币

民国二十一年（1932）铸造。此币的正面是"中华民国二十一年"字样和孙中山侧面头像，背面是二帆船，右下侧是太阳，下部是三鸟飞翔于水上，上部是"金本位币壹圆"字样，有光边、齿边和梅花边数种，也称"金本位币"。此币除了壹元币外，还有半元、贰毫、壹毫币三种作为辅币。但都没有用于流通，数量甚少，堪称珍品。

（17）民国二十二年一元

民国二十二年（1933）三月，财政部颁布币制条例后由上海造币厂铸造。此币的正面仍是孙中山像，背面则删除了三鸟和落日，仅留帆船放洋图案。该币是严格按照当时的币制条例进行铸造的，其重为七钱二分，成色八八。它是"废两改元"后第一次正式颁布的国币，由于其流通范围之广、速度之快，不久之后就取代了袁币。

（18）民国二十三年一元

民国二十三年（1934）铸造并发行。除了该币的正面改为"中华民国二十三年"的字样外，其他的都和民国二十二年（1933）一元相同。但该币发行不久以后，就开始实行法币政策。

民国二十三年孙中山像船洋一元
直径39毫米　重量26.8克

民国二十三年孙中山像船洋一元
直径39毫米　重量26.8克

民国二十三年孙中山像船洋一元
　　直径39毫米　重量26.8克

民国二十三年孙中山像船洋
直径39.5毫米　重量26.2克

（19）民国二十四年壹元、半元试版

民国二十四年（1935），由上海造币厂铸造。当时民国政府想继续铸造银元，但由于法币政策推行的成功，此事搁浅。但此币从未流出，所以市面上也极为少见。

（20）民国二十五年古布币壹元、半元

民国二十四年（1935），由于受到美国白银政策的影响，中国的白银大量外流，导致物价暴跌。为了解决这种情况，当时的国民政府不但废止用银，收归国有。民国二十五年（1936），又改铸缩小重量的一元及半元银元。此版由美国旧金山造币厂代制，是试版的一种。所铸造

的此币数量非常多，但是后来都被销毁，也就没有用于流通。

（21）民国二十五年双帆币壹元、半元

民国二十五年（1936）由美国代铸。其目的也是解决当时美国的白银政策所带来的影响。该币的图案要比上述的要稍小些，但其重量是相同的，且银较纯。该币所铸造的数量相当多，但运回国内后就被销毁了。

（22）民国二十六年古布币壹元、半元

民国二十六年（1937）铸造。在美国的旧金山铸造的数量更多，该币的重量尺寸和民国二十五年（1936）的是一样的。由于当时民国政府的政策极不稳定，该币屡铸屡毁，到后来，此币全部被销毁。

（23）蒋像二十五年试版壹元

民国二十五年（1936），所铸造的试铸的铜样，但从没有铸用过。

（24）古布币半元试版

此币的正面是蒋介石像，背面是民国二十五、二十六年的半元图案。该币的币面上没有纪年，也有人认为是成都私铸的。

（25）民国三十年半元试版铜样

民国三十年（1941）铸造。该币的两面都铸有图案，这是和其他银元最大的不同之处。到现在为止，流于市面的只有一二枚，属罕见品。

（26）民国三十七年金元伍角

民国三十七年（1948）底，国民党政府在实行金元政策之后，开始铸造此半元币。因为其银质已数倍于币面的价值，所以就没有发行，用于流通。国民党政府所实施的金元政策，因此以失败告终。

二　各省铸币概况

1. 西藏银元

长期以来，西藏地区用于流通的银元都来自邻国尼泊尔。当时尼泊尔商人把大量劣质的尼泊尔银元带入西藏，然后将西藏的金银带回去。因此，西藏地区货币供需矛盾十分尖锐。乾隆五十七年（1792），清政府令西藏地方政府铸造地区性的流通货币"乾隆宝藏"，由中央政府驻藏大臣监督，其主要目的就是抵制当时尼泊尔的劣质银元，稳定当时西藏地区的商品市场和金融市场。这也是中国近代官铸银元的尝试。

"乾隆宝藏"是第一枚由中央政府明文规定的统一形制、重量及成色的流通银元。这一举措不仅开我国近代官铸仿效外国银元的先河，也为以后西藏地方铸币树立了典范。

辛亥革命后，从印度回来的达赖，一方面开始重掌西藏的政教事务，另一面在扎什城旧址设立机器局（后改为造币厂），开始铸币。银元有大、小章卡两种。1933年12月十三世达赖圆寂之后，西藏统治集团内部的上层人员发生了变化。西藏地方政府将当时铸造的狮子雪山图案银元，在1935年由一种改铸为两种。1948年，又铸行雪山狮子图案新银元。至1951年，中华人民共和国中央人民政府和西藏地方政府签署了《关于和平解放西藏办法的协议》，才使西藏流通的货币得以统一并稳定下来。具有代表性的西藏银元有以下十个种类：

（1）"乾隆宝藏"银元

乾隆五十七年（1792），清朝户部准许西藏铸造银元，并设宝藏局于拉萨。次年，开始铸造"乾隆宝藏"银元。该币的正面是汉文，背面是唐古忒文，并在边缘铸有年份。其种类有乾隆五十八年小型片币、中型片币、大型片币，乾隆五十九年币，乾隆六十年币等数种。它们的重量各不相同，如用于供奉御览品的乾隆五十八年大片币重一钱六分，而且所铸数量甚少，堪称罕见品；小片币重五分五厘，中片币重一钱一分。据《光绪会典》记载："藏银有大小之分，大钱九枚，或小钱十八枚，合银一两。"

（2）乾隆双面藏文币

此币是最初试铸的一种。

（3）"嘉庆宝藏"银元

此币有嘉庆元年、三年、九年、二十四年、二十五年银元数种。

乾隆五十八年小型币

中型币

乾隆五十八年大型币

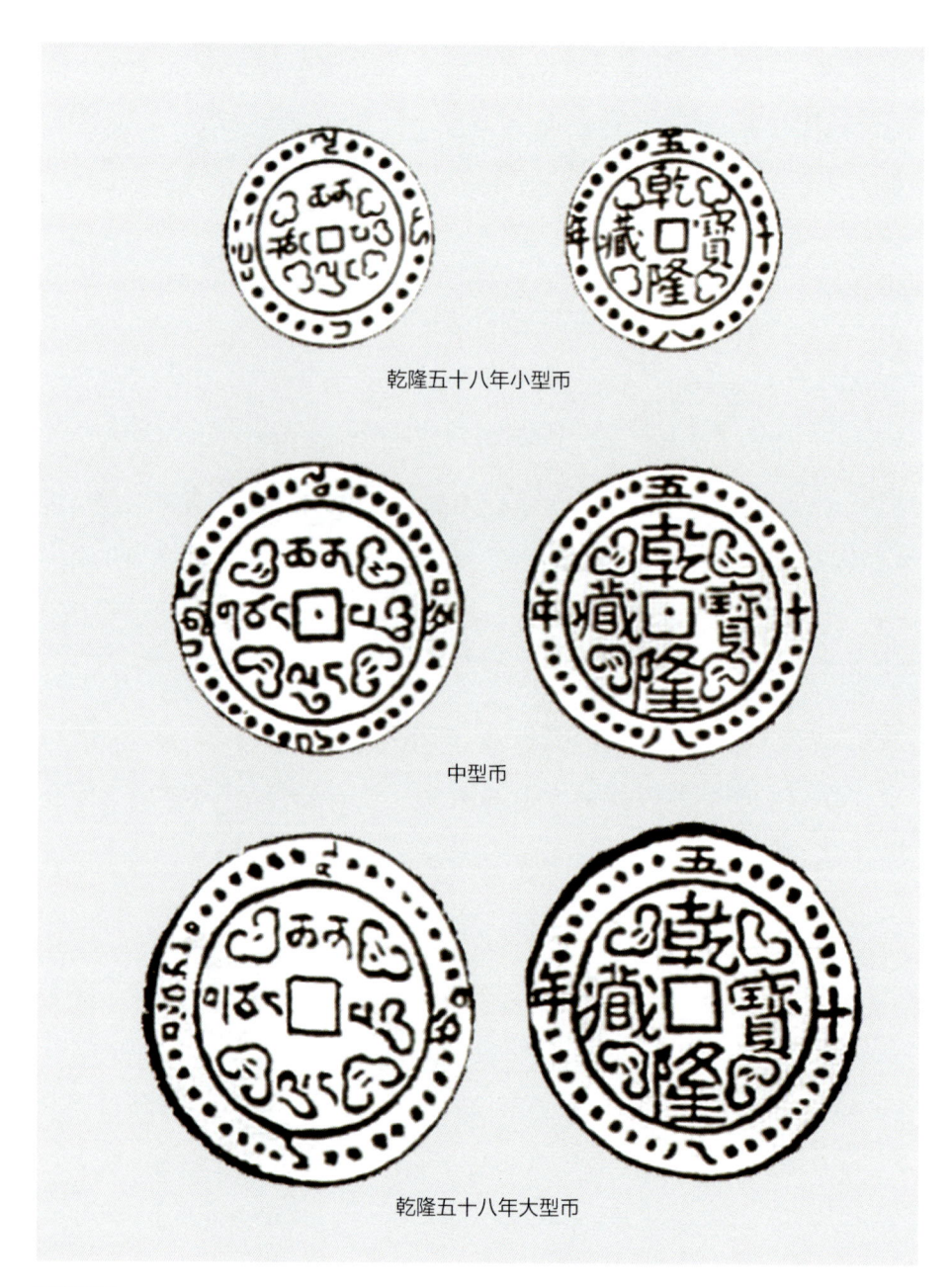

乾隆宝藏

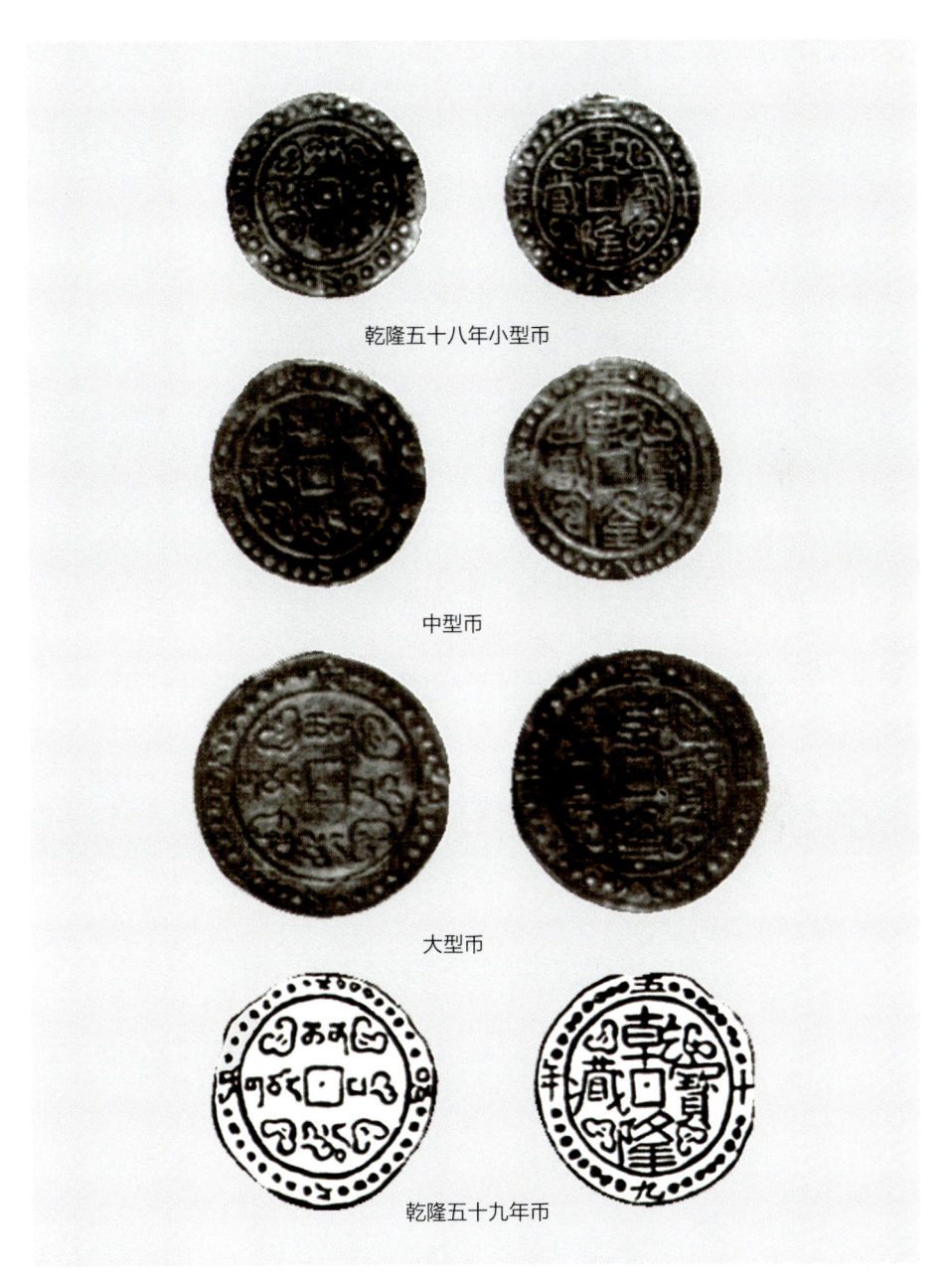

乾隆五十八年小型币

中型币

大型币

乾隆五十九年币

乾隆宝藏

（4）"道光宝藏"银元

此币有道光元年、二年、三年、四年、十五年、十六年银元数种。

（5）"宣统宝藏"银元

此币是由宣统年间拉萨宝藏局铸造的。有库平一钱与二钱两种，虽然年代较近，但传入内地的却是很少，也属于罕见品。

（6）拉萨厂造藏币

此币都是在民国年间铸造的。在抗战时期，曾流通于印缅边界驻防军中。而流通较多的地区则是四川成都、云南昆明市。

（7）尼泊尔代铸藏银

此币在19世纪中期的西藏地区普遍流通。它俗称"藏银"，包括西藏的章噶和尼泊尔的麦嘿，种类繁多。

（8）轳关交铸足银

铸造该币的年限可能在民国以前。该币为轳关交铸品（轳关当为今天的康定，属川藏间的交通要道），主要用于西藏海关纳税。属于罕见品。

（9）西藏旭冈

铸造该币的年限应该在乾隆五十七年（1792）以前。共有两种，大者重一钱一分，小者重五分五厘。

（10）圣松古模

该币为民国以后所铸的藏银，藏名"圣松古模"。该银元的正面是"噶丹玻章曲勒朗结"八个字，背面中心为藏文"三两"二字，四周为发行年次。此币一枚可换章噶三枚。

2. 新疆银元

新疆位于我国西部边陲，是历史上著名的古丝绸之路的必经地。因为地处贸易往来的要道，所以深受中亚货币文化的影响。民间使用白银货币的历史十分悠久，自古以来新疆又是多民族的聚居地，因此在这块土地上流通的银元种类繁多，各色斑斓，在艺术风格上具有鲜明的地域特色和民族特色。

清政府在道光十年，就曾在新疆铸造过小的银元，其重量为库平一钱。由于成色较差，流通仅一年，就停止了流通。同治年间，中亚浩罕汗国阿古柏占领南疆部分地区，在喀什噶尔铸造了天罡银元。1877年，清政府派左宗棠率领军队收复南疆，为了尊重当地民间的习惯就仿铸了光绪天罡银元。1886年，清政府正式批准新疆省建署，开始铸造大量的新疆红钱，废除天罡银元，实行银两和红钱并用制。1889年后，新疆受内地各省纷纷铸银元的影响，在迪化、喀什噶尔和阿克苏等地试铸银元。

1899年前后新疆用于流通的一元、五钱、二钱和一钱四种银元，是由内地造币厂为新疆铸造的。辛亥革命后新疆宣布共和，之后铸造的银元有：1917—1918年，由迪化局铸造一两银元；1913—1916年，由喀什局铸造并发行民国饷银五钱。1949年5月，新疆进行币制改革，计划恢复银本位，还铸造了一元的银元。版别十分复杂。

　　因为历史和地域原因，新疆银元不但版别较为丰富，而且数量也是全国其他省（自治区、直辖市）所不能比的。新疆银元还带有很强的地域特色和民族特色，主要表现为：在银元的币面上铸有少数民族文字、银两称量单位、回历纪年等。有的银元还用花、枝、叶等环绕装饰，带有浓厚的阿拉伯地区风格，我们从中可以看出新疆人民对大自然的喜爱和浓浓的情怀。以下将介绍一些具有代表性的新疆银元的种类，希望能给广大银元收藏爱好者提供一些借鉴。

（1）新疆银饼

　　该币为阿古柏时期所铸银元的一种。它的双面都是回文，币上年号为回历1289年（1872）。该币重约三钱。此币为仅见品，极为珍贵。

（2）足银壹钱铅版银元

　　该币为左宗棠用兵新疆时在兰州所铸造的银元。试模时所铸的铅版。

中篇 种类特征

新疆银饼

足银一钱铅版　　　　　足银壹钱

光绪壹钱　　　　　光绪银钱五分

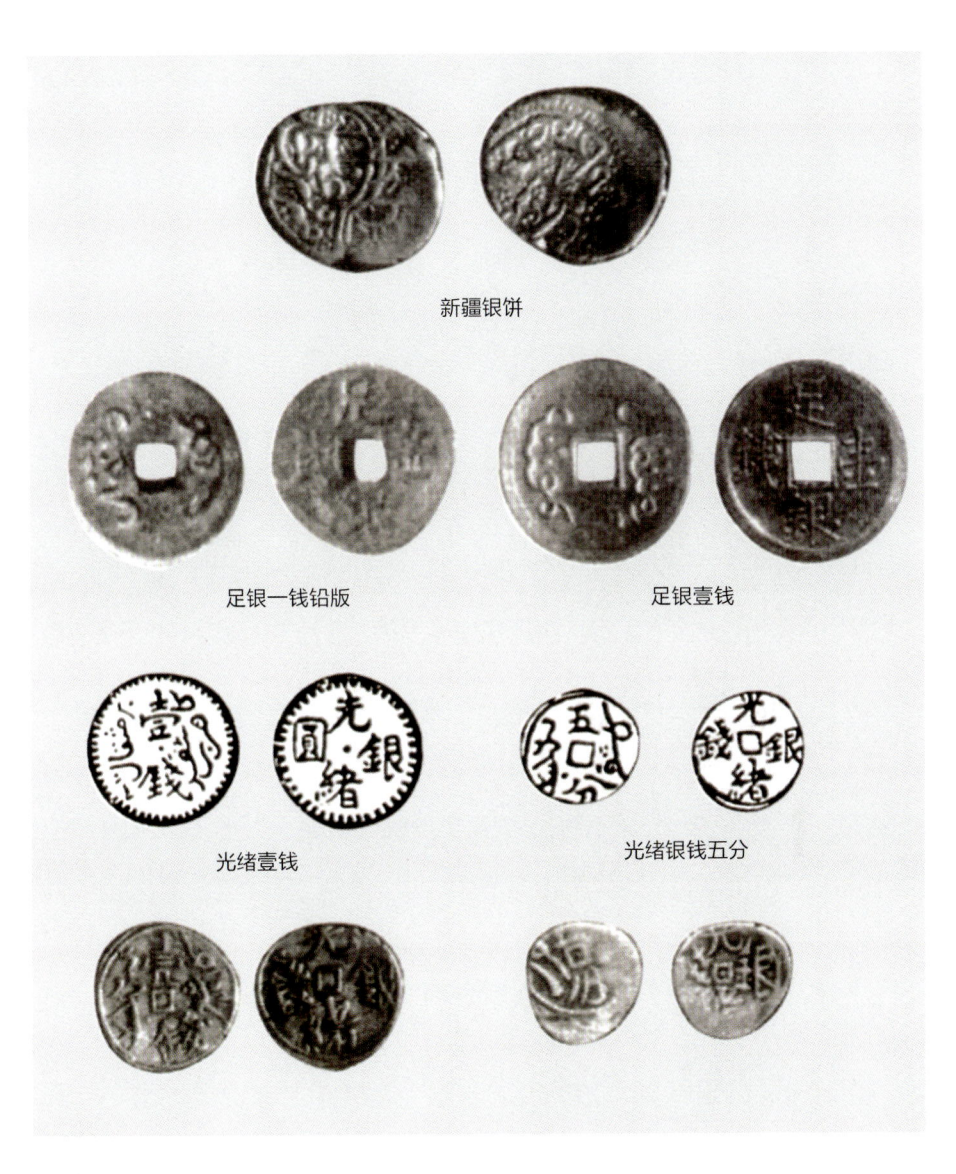

新疆银元

光绪银钱五分 反版　　　　　汉满文五分币

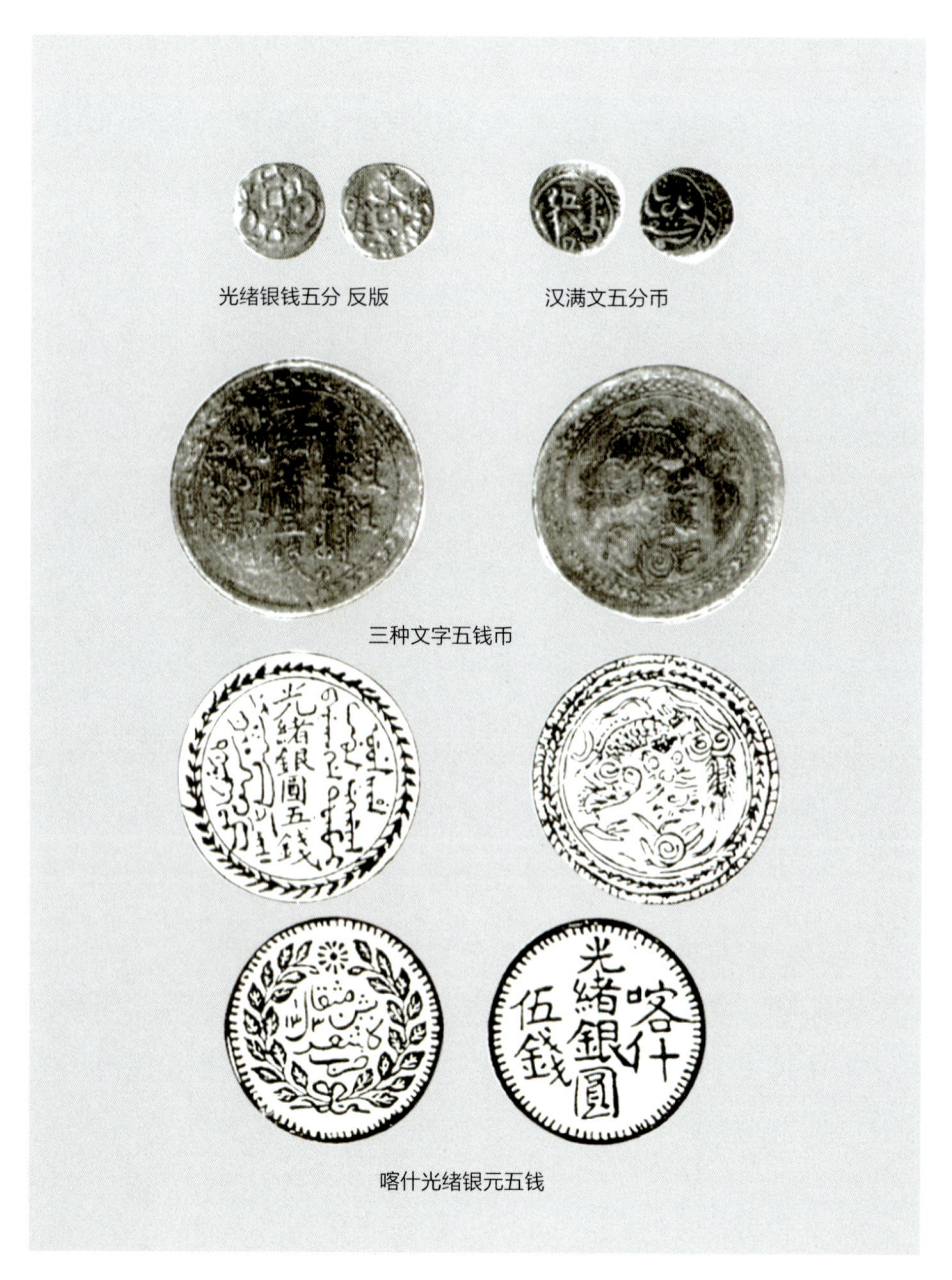

三种文字五钱币

喀什光绪银元五钱

新疆银元

中篇　种类特征

喀什光绪银元叁钱

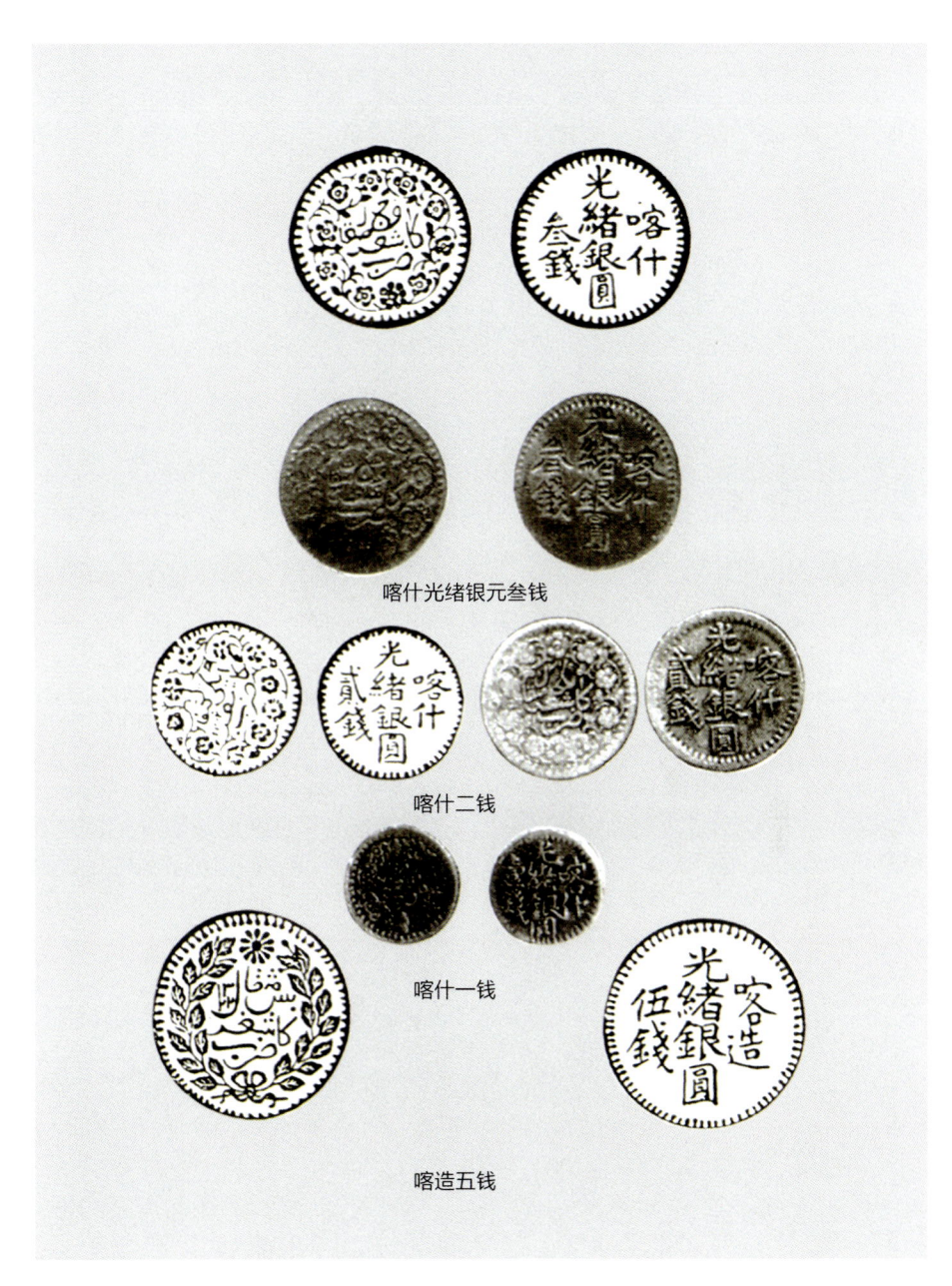

喀什二钱

喀什一钱

喀造五钱

新疆银元

195

喀造五钱

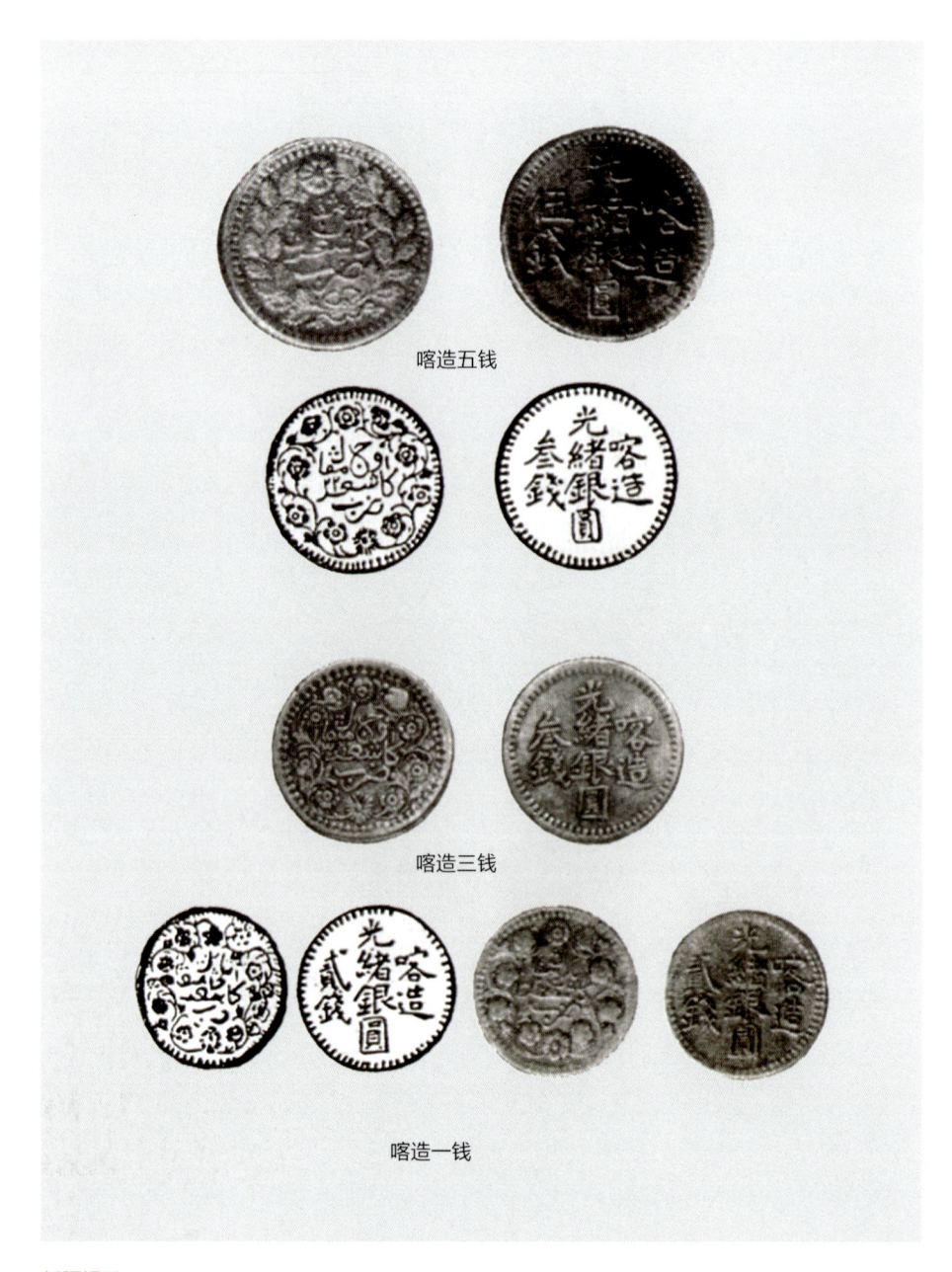

喀造三钱

喀造一钱

新疆银元

196

喀什光绪元宝伍钱

新疆银元

（3）足银壹钱银元

该币系左宗棠用兵新疆时在兰州所铸的正式银元。该币的背面是回文，左铸"喀什噶尔"，右为"乌什"。该币成色较好，制作精细、美观，中间铸有方孔。至此之后，银元中间开方孔。此币为仅见品，堪称极品。

（4）光绪银钱（元）一钱、五分

该币系左宗棠收复南疆后所铸造的用于流通的正式银元。一钱币的正面是汉文"光绪银钱"，背面是汉文"壹钱"，左右分别为满文、回文，共铸有三种文字。主要在喀什地区流通。然而回文中，另有回历1295年（1878）。五分币币面光平，也有两面铸刻回文的。

（5）光绪银钱五分反版

该币和前币相同，只是面背皆为反版，当为误铸。

（6）汉满文五分币

该币和前币较为相似，从铸造时间上看也是较为相近的。不同之处就是：该币的图案除汉文"五分"外，只有两行满文。

（7）三种文字五钱币

1890年铸造的银元。该币的正面有汉文、满文、回文三种文字，都是"光绪银元五钱"，还铸有回历；背面是龙纹。它不同于铸于两面的其他新疆银元三种或两种。为罕见品。

（8）喀什光绪银元

1897—1902年间在喀什铸造的银元。该币的币值共有四种，分别是五钱、三钱、二钱、一钱。背面不但有回文用以纪重外，还标明回历，重量数位为汉文。

（9）喀造光绪银元

1903—1904年间在喀什铸造的银元。该币的币值共有三种，分别是五钱、三钱、二钱。此币的正面铸有"喀造"二字。

（10）喀什光绪元宝五钱、三钱

只有五钱和三钱的喀什光绪元宝是用纪重数字大写的。其中五钱银元，它的背面龙形图案有正、反两种。

（11）喀什光绪元宝五钱、三钱、二钱

除了五钱、三钱、二钱的喀什光绪元宝用小写纪重数字外，其他之处都和上述的银元一样。

（12）喀什宣统元宝

喀什宣统元宝共有两种，分别是伍钱和五钱。它们各自的版别非常多。

（13）喀什造宣统元宝五钱

铸于1911年。

（14）喀什造宣统银元五钱

1909年铸造。该币的不同之处就在于称宣统"银元"而不是称宣统"元宝"，这与"元宝"和"大清"相连的惯例不同。

（15）喀什湘平纪重银元

1907年，在喀什所铸造的银元。因为左宗棠收复新疆后，他所率领的军队以湘籍的士兵居多，所以在铸造银元时多数仿照饷银，以湘平为单位。但这种模型不一，有的铸有"喀什"二字，有的铸有"喀什造"三字，而纪重数字有的是大写，有的是小写，种类很多。至于花纹，的大同小异，样式也多达几十种。

（16）喀什道湘平式两

该币在喀什所铸造的，也是用于流通的大清银元。该币正面的"喀什道"三个字，后人对此颇有争议，有的以为是"喀什造"的误笔；也有的认为就是"喀什道"，但其真正的含义需进一步考证。"式"字的写法为古体"一"字。

（17）迪化光绪银元

1902年到1906年间，在迪化（乌鲁木齐）所铸造的银元。该币的正面是"光绪银元",背面铸有回文和回历。重量数位有汉文大写、小写两种。该币的币值共有六种,分别是伍钱、三钱、贰钱、五钱、三钱、二钱。

(18)阿城光绪银元

1893—1894年间,在阿城所铸造的银元。该币和其他种类的光绪银元相比较要贵重些,该币的币值只有一种用大写汉文的伍钱。除此以外,还有三钱、二钱、一钱,都为汉文小写。每种又分为两类:一类正面右上角有一小圈;一类没有。

(19)光绪银元

1893—1894年间铸造的银元。该币的正面是汉文"光绪银元"四字,背面是回文"喀什"两字。该币的币值共有四种,分别是五钱、三钱、二钱、一钱。此外,还有一种光绪一钱,该币的正面铸有"光绪银元"四字,只是这四个字的排列位置和先前的银元不同,背面是"壹钱"两字,右面铸有回文"喀什造"三字,左面为光绪年号。

(20)银元三钱、二钱

1911年,所铸造的银元。该币的正面是汉文,没有铸地及年号,背面铸有回文"喀什造"三字。

（21）饷银一两、四钱、二钱、一钱

1911年前后，左宗棠收复新疆后所铸造的银元。民国初期，新疆地区处于军阀统治之下，用于流通的大部分银元还称为饷银。该币的种类较为繁多，可达上百种。比如，银元边缘的回文，有的铸在正面，有的铸在背面，也有的两面都没有的；龙纹的大小、字迹也存在差异。大致五钱者极多，四钱者最少。

（22）喀什饷银五钱

1911年，在喀什铸造的银元。该币的背面上端铸有"喀什"两字，下为回文，而且花星各不相同，其中区别很大的就有三种。

（23）新疆喀造饷银五钱

1914年，在喀什铸造的银元。该币的正面下端铸有"新疆喀造"四字，中央是"中华民国"四字。因花星区别较大的，此币就有三种。

（24）民国元年壬子饷银一两、伍钱

民国元年（1912），在新疆铸造的银元，仍沿用湘平重量。在流通货币中，只有一种铸有汉文。民国时期，出现过一个银元上铸有阴阳二历的情况，该币不多见，属罕见品。这类银元模型不一，种类繁多。

（25）民国六年、七年迪化壹两

该币是由新疆迪化银元局铸造的，仍沿用湘平重量。它分别在民国

民国元年壬子饷银五钱
　　直径39.6毫米　重量18.2克

新疆饷银一两

民国元年壬子饷银一两银元
直径39.6毫米 重量35.7克

新疆饷银二钱银元

新疆饷银一两银元

六年（1917）和民国七年（1918）铸造过，而且它的版别较多，使用范围也较为广泛。

（26）新疆省造一元、二钱、一钱

光绪十年（1884），清政府将新疆改设行省。光绪十六年（1890）开始试铸银元。一元币属他省代铸，没能流通。二钱和一钱币品质粗劣，也没有畅行。

（27）喀什壹钱

1914年，在喀什铸造的银元。该币两个种类：一种是币的正面铸有汉文"喀什壹钱"；另一种是币的正面没有汉文"喀什"两字，但附有两行回文。

3. 漳州、台湾银元

福建与台湾隔海相望，自宋元以来，福建与台湾便有隶属关系。之前，台湾是归福建管辖的。光绪十一年（1885），清政府将台湾设为行省。光绪十四年（1888），台湾正式建省。然而，台湾货币铸造与福建紧密相连。

在清朝，台湾用于流通领域的货币是墨西哥、西班牙等国家银元。到道光、咸丰年间，台湾开始自铸台湾银饼。光绪十二年（1886），台湾筹建了台北机器厂。光绪十六年（1890），台湾巡抚刘铭传在台北设立官银局，开始铸造银辅币。共分为两种制式"台湾制造"和"台省制造"。1949年，由于国民党发动的内战，当时的国民经济濒于崩溃的边缘，加之通货膨胀、物价极其不稳定，广大民众处于水深火热之中。国民党为了摆脱这种情况，于是就恢复银本位制，所以一些省份又开始铸造银元。此时，台湾省铸造并发行了孙像1949年台湾五角银元。

台湾省的银辅币都是由机器铸造的。但在今天看来尤为珍贵。尤其是清代铸造的那两种银毫，所铸造的数量较少。现见于市面，实为难得。

（1）漳州军饷曾签字

该币相传是曾国荃在漳州平定太平军时所铸造的，并且曾国荃还在币面上签字，这虽然有待进一步的考证。此币共有两种线齿和花纹，而且币重均略重于库平七钱。

漳州军饷左签字

漳州军饷（谨慎）

同上（带花星）

漳州军饷

（2）漳州军饷左签字

据记载，该币是同治四年（1865）五月左宗棠在克复漳州后所铸造的，并在币上签字。此币分为大小两种，都有花纹边，大的币重略轻于库平七钱，小的重库平六钱二分。大部分人认为此币为珍品，但据相关专家鉴定该币上的签字不像是左宗棠的笔迹。

（3）漳州军饷（谨慎）

该币的性质与上述两种军饷币相同，但该币的铸行时间没有记录。币面签有"谨慎"二字。这些有待考证。该币有两种：一种前后各有花星四枚；另一种前后各有花星二枚。

（4）泉州军饷

该币是福建泉州地方仿照漳州军饷铸造的泉州军饷。该币重库平七钱。市面上流通的数量很少，堪称珍品。

台湾制造光绪元宝库平七分二厘银元

（5）足纹寿星银饼

因为在历史上台湾曾经归福建管辖，所以漳州所铸造的银元大多在台湾流通。光绪二十一年（1895），中日签订了《马关条约》，台湾被日本占领。直到第二次世界大战后，台湾才回归祖国的怀抱。那时台湾用于流通的寿星银饼据传是道光十七年（1837）张温在台南起事的时候所铸造的。在台南俗称"老公饼"。由于成色好，民以乐用，其流通领域越来越广。虽然币面上铸有"库平七二"四字，但实际上重量只有库平六钱八分左右，而且币上有很多的凿痕，很难得到一个完整的币面。

台湾的老公银饼正面是拄杖的寿星图案，之下是"库平七二"四字，右上"足纹银饼"，左上"道光军镇"；背面"铜鼎"、星圈图案及满文。该币还有另外一种，就是币面上铸有"嘉义县铸"字样，而且背面的图案也不相同。

（6）府库军饷笔宝图案

据传该币是戴潮春于同治元年（1862），在彰化县起事时所铸造的。此币的正面是聚宝盆的图案，背面是一对毛笔。其重为库平六钱八分，流通于市面的数量很少，属珍品。

（7）府库军饷如意图案

据传此币是林恭于咸丰三年（1853），在台湾凤山县起事时所铸造的。该币的正面是聚宝盆的图案，背面是一对如意。其重约库平六钱八分，并铸有花纹边。

（8）台湾二角、一角、五分

光绪十一年（1885），清政府设台湾为行省。之后，台湾就开始铸造银元。关于银元铸造的年代，有待考证。有的人认为它是由福建省代铸的。其种类有两种，分别是铸有"台湾制造"和"台省制造"的银元。银辅币有二角、一角、五分三种。

4. 广东省银元

明朝时期，郑和七次下西洋，让世界更多的国家了解中国，外国人纷纷来华经商，使中国东南沿海地区的商业贸易逐渐活跃起来。外国商船大多装载的是银元，用来大量购买中国的丝绸、茶叶及土特产品，销往欧美。而当时中国处于自给自足的自然经济状态，根本不需要外国的商品。所以这时期大量的外国银元源源不断地流入我国。这种现象一直持续到清朝鸦片战争前后。银元在流通中较为方便，为人们所喜用。当时国内的一些地区也出现了自铸银元。尤其是有些外国商人将七钱二分的银元和八钱以上的生银进行等价交换，从中牟取丰厚的利润，从而使我国大量的白银外流，银价暴涨，物价极不稳定，危及国计民生。到光绪年间，这种现象更为显著。国内曾有一些有识之士向清政府奏请自铸银元，但建议均未被采纳。光绪十二年（1886），为了抵制外国银元，经清政府准许，两广总督张之洞在广州筹建广东省造币厂，并向英国购买造币机器，聘请外籍技师。至光绪十五年（1889），广东钱局建成。但在银元的版别设计方面却是大费周折的。光绪十五年

（1889），广东钱局铸出第一批样币，主币的重量为库平七钱三分，比外国银元要重一分，也称为"七三番版"。其成色佳，制作精细美观。此币发行后不久就成了人们收藏或是销熔的热点，这在流通领域是极其少见的。不久，广东钱局在旧版的基础上减重一分，改铸为七钱二分银元。但其版式设计和"七三番版"的一样，称为"七二番版"。但是后来，清政府以银元正面的"光绪元宝"四字被一圈洋文围绕，不合乎体制给予否定。所以，广东钱局所铸的这两套银元都被禁止发行，不过却成为银元收藏爱好者所追寻的对象。

光绪十六年（1890），广东钱局对银元版别设计稍微做了一些调整。就是把"七二番版"正面的英文和背面的"广东省造""库平七钱"做了下变动。此币发行后很快就用于流通领域，民以乐用。后来，清政府确定广东龙洋为法币。它的铸行不仅为各省自铸银元树立了典型范例，而且也为晚清机制银元奠定了基础。光绪三十一年（1905），广东钱局铸造库平一两的"寿"字银元，作为慈禧太后七十大寿的贺礼。宣统二年（1910），广东省铸造"宣统元宝"。辛亥革命后，广州造币分厂不但改名为"中华民国军政府广东造币厂"，而且铸有二角、一角银元。当时中国处于军阀混战，社会极其不稳定，所以造币厂的体系也几经改变。1912—1929年间，广东省铸造了多个年份的二角和一角银辅币。

广东省铸造的光绪银元不但是我国近代第一套正式获准铸行的银元，而且它的铸造模式也是晚清银元的典型。而它先前的光绪元宝"七三番版"的铸造，主要是出于当时经济方面的考虑；之后的"七二番版"的铸造，政治色彩比较浓些；正式铸行的第三版，则是各方妥协的产物。所以"七三番版"和"七二番版"这两套银元以不同寻常的铸造背景和极少的数量，成为收藏者苦苦追求的对象。从这些银元中，我们可以更多地了解清末的历史。

广东省机制银元不仅开我国近代银元之先河，而且其铸造技术在全国也是遥遥领先的。如光绪年间，广东省为慈禧太后七十大寿铸造的光绪元宝"寿"字一两银元就证明了这点。"寿"字，体现出当时铸币工艺的精湛，构思奇特。它巧妙地利用银元圆的造型，用于体现中华民族的吉庆风俗和若隐若现的祝语；把隐含"福"的蝙蝠图案和用篆书书写的"寿"字放在中心位置，用于突出主题。双龙戏珠的非凡气势，秀气的楷书书体带给人视觉上的美感。该币堪称银元中的一朵奇葩，令人神往和追求，同时也显示了中国机制银元的魅力。

（1）七三番版一元、半元、二角、一角、五分

此币俗称"番版"或"反版"，正面是西文，背面是汉文，和之后各地通用版不相同。

该币开创了我国近代机制银元的先河，因为成色好、工艺精湛，反被人们收藏或销毁。此币的正面是"光绪元宝"四字，中间是满文，点圈外英文省名及重量；背面是团龙图案，上下为中文省名和重量。它和其他省新铸银元的不同点就是银元版式中西文的位置正好相反，所以又称为七钱三分的"番版"或"反版"。此币流传于市面上的数量极少，堪称世上珍品。

（2）"七二番版"一元、半元、二角、一角、五分

"七三番版"银元的发行以失败而告终。后来设计的"七二番银"，它的正面是西文，清政府认为不宜，就给否定了，之后又另绘新的图案铸造。该币共有一元及辅币共五种。数量比"七三番版"更少，所以极其珍贵。

（3）光绪十六年一元、半元、二角、一角、五分

光绪十六年（1890）所铸造的银元。它是七二铸制银元的第一种，重量、成色和外币极其相似。一元币重库平七钱二分；半元币重三钱六分，成色为八六；二角币重一钱四分四厘，一角币重七分二厘，五分币重三分六厘，成色均为八二。因为银元成色好，人民乐用，所以广泛用于流通领域，也削弱了外币在市场中的地位。

（4）宣统一元、二角

宣统元年（1909）所铸造的银元。该币的种类只有两种，分别是一元、二角。

（5）广东壹两

此币为我国近代机制银元中的珍品，也是一两币的试铸品。有的人认为可能是光绪三十年（1904）为庆贺慈禧太后七十寿辰而铸造的银元。该币的正面是"光绪元宝"，两侧是蝙蝠图案（因汉语"蝠"与"福"谐音）；背面中央为篆书"寿"字，四周用祥云及双龙戏珠图案点缀，体现中华民族吉庆世俗和喜庆的气氛。

广东省造光绪元宝库平七钱二分银元

广东省造光绪元宝库平七钱二分银元

广东省造光绪元宝库平七钱二分银元

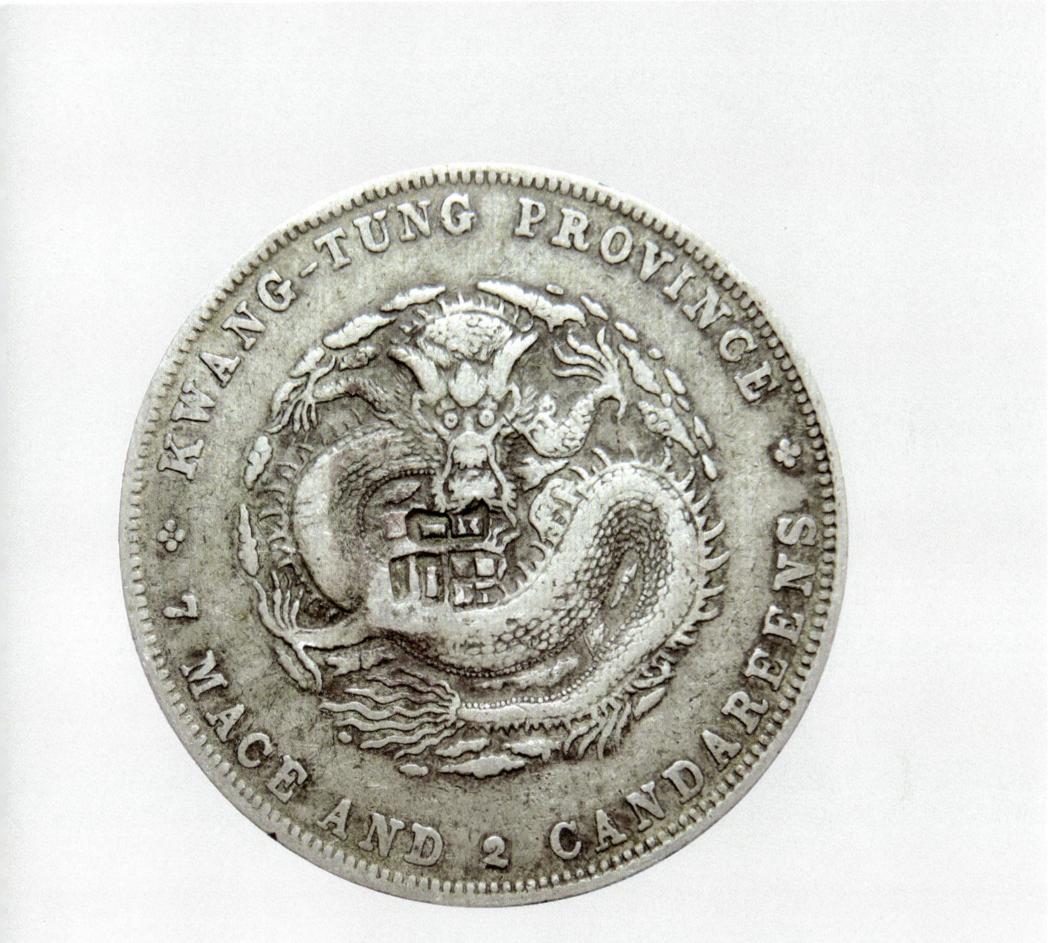
KWANG-TUNG PROVINCE
7 MACE AND 2 CANDAREENS

广东省造光绪元宝库平七钱二分银元

广东省造光绪元宝库平一钱四分四厘银元

广东省造光绪元宝库平三钱六分银元

广东省造光绪元宝库平七分二厘银元

广东省造光绪元宝库平一钱四分四厘银元

广东省造光绪元宝库平三分六厘银元

关于此币的铸造年代，说法各不相同，有的认为是光绪三十年（1904），有的认为是光绪三十一年（1905），造币总厂命广东钱局铸造此币，作为慈禧太后七十大寿的贺礼。所铸造的数量是相当的少，迄今只发现了十余枚，但也没有见配套的辅币，所以显得极其珍贵。

（6）民国二毫、一毫

小洋在广东市场上流通较广，民以乐用。民国以来，先后铸造民国元年、民国二年、民国三年、民国四年、民国七年、民国八年、民国九年、民国十年、民国十一年、民国十二年、民国十三年、民国十七年、民国十八年、民国十九年二毫，民国二年、民国三年、民国十一年、民国十八年一毫。此外还有一种是民元一毫的试版，但没有流通。

民国十一年广东省造一毫银元
直径18.2毫米　重量2.7克

民国十八年广东省造二毫银元
　　直径23.4毫米　重量5.5克

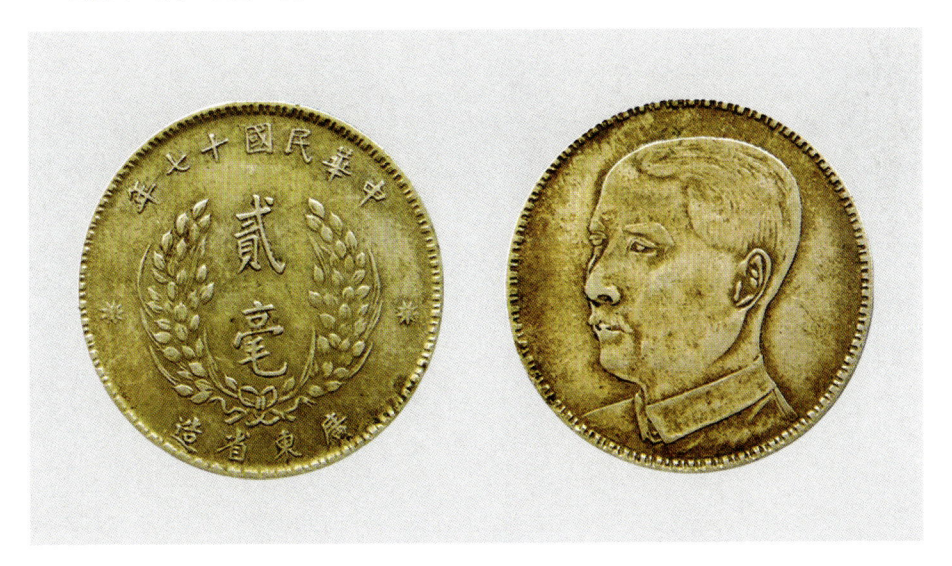

民国十七年广东省造二毫银元
　　直径23.6毫米　重量5.4克

民国九年广东省造二毫银元

民国七年广东省造二毫银元

民国九年广东省造二毫银元

民国十八年广东省造一毫银元

民国九年广东省造二毫银元

5. 湖北省银元

湖北省位于我国长江中上游地段，南北交通便利。清朝晚期，湖北的汉口和宜昌等城市成为重要的通商口岸，商业贸易往来相当繁忙，因此对钱币的需求也是颇为急切。光绪十九年（1893），时任湖广总督的张之洞奏请光绪皇帝在湖北鼓铸机制银元，然后购买中等铸币机器，借鉴广东省铸造银元的模式。之后，在武汉筹建了湖北银元局。光绪二十年（1894），开始铸造湖北省的光绪元宝，相继铸有两套银元。光绪三十年（1904），因为当时清政府内部分为以慈禧太后为首的"后党"和以光绪帝为核心的"帝党"，围绕以"两"为单位或是以"元"为单位展开了争论。张之洞作为"后党"的支持者，后来在湖北省就开始铸造以"两"为单位的银元。如铸造湖北省造大清银元库一两。宣统二年（1910），清政府将湖北银元局收归中央管理，更名为武昌造币分厂，并铸有"宣统元宝"。民国九年（1920），该厂铸造了袁世凯像二角银元。

其实，湖北省的银元基本上都是在张之洞任湖广总督时所铸造的。湖北省银元是借鉴广东省铸币模式发展起来的，这和张之洞个人有很大的关系。从某层意义上说，湖北所铸造的银元是广东省铸币的翻版。因为银元背面的蟠龙的神态都是一样的。但湖北省的银元也有自己的特点，比如湖北省铸"湖北本省银元"，原意就是只限制在湖北本省内流通。之后，又将"本省"二字去掉。但"湖北本省银元"铸造数量极少，属罕见品，成为银元收藏爱好者狂热追求的对象。湖北省所铸的大清银元库平一两，是清政府内部围绕以"两"为单位或以"元"为单位激烈争论后的产物。此类银元的铸造和流通，也说明了当时清政府内部以慈禧太后为首的"后党"力量之强大，同时也从另外一个侧面反映了当时民间对它们的认可。因而此币代表多重意义。民国时期，湖北省唯一铸造的"鄂造"袁像二角银元也较为特别，为袁世凯像银元系列增添了一个新品种。

（1）本省一元、二角、一角

光绪二十年（1894）所铸造的银元。共有三种。该币的币面图案由广东省绘制，而背面"本省"二字和英文混列，和正面的铸地又重复，所以即行销毁，就没有正式流通。流入市面的绝少，属罕见品。湖北本省银元的正面是"光绪元宝"四字，中间是满文，上部是"湖北省造"字样，下部是"库平七钱二分"字样；背面是团龙图案，两侧是"本省"二字。该币流入市面的数量极少，也是极其珍贵的。

湖北省造光绪元宝库平七钱二分银元
直径39.5毫米　重量26.7克

湖北省造光绪元宝库平一钱四分四厘银元
　　直径23.6毫米　重量5.4克

湖北省造光绪元宝库平七分二厘银元
　　直径39.8毫米　重量26.4克

（2）光绪一元、半元、二角、一角、五分

光绪二十二年（1896）所铸造的银元。共有五种。该币流通范围较广。

（3）宣统一元、二角、一角

宣统元年（1909）所铸造的银元。共有三种，分别是一元、二角、一角。其中二角银元所发行的数量较少，所以极其珍贵。

（4）湖北一两

光绪三十年（1904），由两湖总督张之洞奏准在湖北省试铸的一两银元。它有两种版本，一种币面的正面"大清银元"四字较大；另一种币面的正面"大清银元"较小，中间铸有满文，上部是"光绪三十年湖北省造"字样，下为"库平一两"字样；背面是双龙抢珠图案，上部铸有英文"湖北省"，下为"一两"。因为"大清银元"四字略小，俗称"小字一两"。

（5）鄂造袁像二角

民国九年（1920）由湖北省仿民国三年（1914）袁像图案所铸造的银元。该币的正面有"鄂造"二字，说明此币是由武昌造币厂铸造的，用于流通的较少。

湖北省造宣统元宝库平七钱二分银元

湖北省造宣统元宝库平七钱二分银元

湖北省造光绪元宝库平七分二厘银元

湖北省造光绪元宝库平七分二厘银元

湖北省造光绪元宝库平一钱四分四厘银元

6. 北洋银元

　　北洋就是现在天津的旧称。清政府曾在此建立北洋机器局，由北洋三口通商大臣崇厚等人创办，它原来是兵工厂。光绪十三年（1887），李鸿章在天津筹建了机器铸钱局，机器设备一部分是从北洋机器局分出的，另一部分是从英国购买的造币机器，自此开始铸机制铜钱。光绪二十一年（1895），清政府准许各省仿制银元，当时的北洋大臣王文韶令北洋机器局试铸银元。光绪二十二年（1896）七月，北洋机器局试铸出一套五种币值的银元，主币为"壹圆"。光绪二十三年（1897），又继续铸造一套。该币的币面上除了更换中英文的纪年，英文加上"大清"外，其他的和光绪二十二年（1896）银元较为接近。光绪二十四年（1898）又继续铸行。光绪二十五年（1899）四月，清政府计划收回铸币权，后来经荣禄极力保留。同年六月，清政府准许北洋机器局继续铸造银元。但是，自此以后的北洋机器局和之后的北洋铸造银圆总局所铸造的银元改为"北洋造"，有二十五年版、二十六年版、二十九年版、三十一年版、三十三年版和三十四年版数种。另外，光绪三十三年（1907），北洋铸造银圆总局试铸了一枚库平一两的光绪元宝银元。

　　北洋银元，指光绪二十二年到二十四年间北洋机器局所铸造的大清银元。它的一个显著的特点就是较早不用重量，而把"元"作为纪值单位，币面的图案较为复杂，汉满文相间。这种率先用"元"铸币的举动，也说明了当时清政府内部"两""元"之争的激烈。光绪三十三年（1907）所铸的"北洋光绪元宝壹两"也可证明这点。所以，"大清光绪二十二年银元"和"北洋光绪元宝一两"银元在今天就显得特别珍贵。从光绪二十五年至三十四年由北洋机器局和之后的北洋铸造银圆总局所铸造的银元可以成为一个系列，但是光绪二十六年（1900）版显得比较稀少，其原因有两个：一是所铸造的数量可能较少；一是当年七月八国联军入侵天津，北洋机器局遭到毁灭性的破坏，所以也就不能再多铸该年份的银元。

（1）光绪二十二年一元、五角、二角、一角、五分

光绪二十二年（1896）所铸造的银元。该币共有五种，成色不好，所铸造的数量较少，属罕见品。

北洋机器局造大清光绪二十二年一元银元
直径39.2毫米　重量26.8克

（2）光绪二十三年一元、五角、二角、一角、半角

光绪二十三年（1897）所铸造的银元。该币共有五种，成色不好，但是所铸造的数量较多，所以其流通也较广。

北洋机器局造大清光绪二十三年一元银元
直径39.1毫米　重量26.7克

（3）光绪二十四年一元、五角、二角、一角、半角

光绪二十四年（1898）所铸造的银元。该币共有五种，其成色不好，但所铸造的数量最多，所以流通也最广。

（4）光绪二十五年一元、五角、二角、一角、五分

光绪二十五年（1899），北洋机器局更名为北洋银元局。该局开始仿照广东湖北各省的铸币模式，所铸造银元的银色要比北洋机器局时好。共铸有五种，为各省所接受，流通于全国。

北洋机器局造大清光绪二十四年一元银元
直径39.1毫米

（5）光绪二十六年一元、二角、五分

光绪二十六年（1900）所铸造的银元。该币共有三种，其中一元主币流通较广，其余两种币极少。

（6）光绪二十九年、三十三年、三十四年一元

光绪二十九年（1903）、三十三年（1907）、三十四年（1908）三年仅各铸一种，其中三十四年一元流通最广。

（7）光绪三十一年二角

光绪三十一年（1905）所铸造的银元。该币流通不多。

（8）北洋一两

光绪三十三年（1907）由北洋造币厂所铸造的一两银元，重库平一两。对于该币的重量颇有争议，有的认为该币是合金制成的，故重量不足。因为当时各省对一两制银元持观望的态度，所以该币也就没有流用，属罕见品。

北洋造光绪元宝库平七钱二分银元
直径38.9毫米　重量26.4克

北洋造光绪元宝库平七钱二分银元
直径39毫米　重量26.4克

北洋造光绪元宝库平七钱二分银元
直径39毫米　重量26.8克

北洋造光绪元宝库平七钱二分银元
直径39毫米　重量26.8克

北洋机器局造大清光绪二十四年银元

北洋造光绪元宝库平七钱二分银元
　　直径39毫米　重量26.8克

北洋造光绪元宝库平七钱二分银元
直径39毫米 重量26.8克

北洋造光绪元宝库平七钱二分银元
直径39毫米 重量26.8克

北洋造光绪元宝库平七钱二分银元
直径39毫米　重量26.8克

银元收藏与鉴赏

下册

刘士勋 著

学苑出版社

7. 江南银元

清代的江南省，管辖的地区包括今天的江苏和安徽南部。光绪二十二年（1896）初，当时的南洋大臣刘坤一筹建了江南铸造银元制钱局。光绪二十三年（1897）开始铸造"江南省造光绪元宝"。至光绪三十一年（1905），江南省铸造银元制钱局先后铸有九套银元，分别是"老江南"、戊戌、己亥、庚子、辛丑、壬寅、癸卯、甲辰和乙巳银元。因为第一套银元上没有铸造干支，所以称为"老江南"。而用甲子纪年的其他八套银元被称为"新江南"。这九套银元的图案和文字大体上较为接近，而不相同的是其铸模且版别很多。更为显著的特点是自辛丑银元第二套开始，在一些所铸的银元中，币面的左上方或右上方都铸一些英文字母。据相关史料的记载，这些英文字母是江南钱局所聘外籍化验师姓名的缩写。光绪三十年（1904），清政府计划把银元的铸行权收归中央所有，遭到地方强烈的反对。之后，清政府又在地方设有几处造币分厂。江南钱局改名为"江南户部造币分厂"，不久又更名为"江宁户部造币分厂"，宣统元年（1909）改铸"宣统元宝"。在这九套银元当中，"老江南"银元可谓独具一格，该币的书法洒脱飘逸，带给人感官上的享受，而其币面"江南省"的"省"字下部的"目"字缺笔成"日"字，似乎稍显美中不足。"老江南"银元的外圈是以"S"形环绕的圈，这是它区别于一般用珠点圈环绕的"光绪元宝"银元的地方，使币面显得更美观、别具一格。而"老江南"银元更突出的一点就是它的边道样式较为丰富，有人字边、齿字边和光边三种，这也是清末银元中无可比拟的。江南省造银元不但套数多，而且背面蟠龙的种类也较为多样化，如龙体较为肥大曲折的，就称为"旧版龙"；而龙形简洁明了的，就称为"新版龙"。"旧版龙"又可分为一般龙和珍珠龙两种。之所以称为珍珠龙，是因为龙的每片鳞上都有一粒珠点，和珍珠形状极其相似。另外，在一些辅币上，蟠龙的外围又可分为有圈和无圈两种。江南银元的设计样式极为丰富。江南省所铸的银元中"老江南"银元和一些库平三钱六分的银元,现流入市面的极少，成为广大银元收藏爱好者所苦苦追求的对象。

江南省造光绪元宝库平七钱二分银元
直径39.6毫米　重量26.7克

江南省造光绪元宝库平七钱二分银元
直径39.6毫米　重量26.6克

（1）江南初铸一元、五角、二角、一角、五分

光绪二十三年（1897）由江南省第一次所铸造的银元。该币的种类共有一元、五角、二角、一角、五分五种。该币成色好、质量佳，因此在全国流通。

（2）江南戊戌一元、二角、一角

江南省第一次所铸造的银元，其上没有铸造时间。因此，在第二年（1898）岁次戊戌，所铸的银元正面上都有"戊戌"两字。后来，在所铸造的银元币面上加铸干支纪年就成了惯例。之后，先后铸造了三种银元，分别是一元、二角、一角。其中，二角和一角又有背面龙图外有无线圈的区别。此币又可分为光边、齿边等数种。文字和图案大体上是相同的，只是地名有所变化。它们都属于极为难得的珍品。

江南省造（戊戌）光绪元宝库平七钱二分银元
　　直径39.8毫米　重量26.8克

江南省造（戊戌）光绪元宝库平七钱二分银元
　　直径39.4毫米　重量26.7克

中篇 种类特征

江南省造（戊戌）光绪元宝库平七钱二分银元
　　直径39.9毫米　重量26.8克

江南省造（戊戌）光绪元宝库平七钱二分银元
　　直径39.9毫米　重量26.8克

江南省造（戊戌）光绪元宝库平七钱二分银元
　　直径39.7毫米　重量26.8克

江南省造（戊戌）光绪元宝库平七钱二分银元
　　直径39.5毫米　重量26.8克

中篇 种类特征

江南省造（戊戌）光绪元宝库平七钱二分银元
　　直径39.4毫米　重量26.8克

江南省造（戊戌）光绪元宝库平七钱二分银元
　　直径39.6毫米　重量26.8克

江南省造（戊戌）光绪元宝库平七钱二分银元
　　直径39.6毫米　重量26.8克

江南省造（戊戌）光绪元宝库平七钱二分银元
　　直径39.6毫米　重量26.8克

江南省造（戊戌）光绪元宝库平七钱二分银元
　　直径39.6毫米　重量26.7克

江南省造（戊戌）光绪元宝库平一钱四分四厘银元
直径23.3毫米　重量5.1克

江南省造（戊戌）光绪元宝库平一钱四分四厘银元
直径23.6毫米　重量5.6克

中篇　种类特征

（3）江南己亥一元、半元、二角、一角、五分

光绪二十五年（1899）所铸造的银元。该币共有五种，其中半元币只有试铸品，迄今国内只发现了一二枚，极为珍贵。

江南省造（己亥）光绪元宝库平七钱二分银元
　　直径39.4毫米　重量26.7克

江南省造（己亥）光绪元宝库平七钱二分银元
　　直径39.4毫米　重量26.7克

255

江南省造（己亥）光绪元宝库平七钱二分银元
　　直径39.4毫米　重量26.7克

江南省造（己亥）光绪元宝库平一钱四分四厘银元
　　直径23.5毫米　重量5.5克

江南省造（己亥）光绪元宝库平七钱二分银元
　　直径39.4毫米　重量26.7克

江南省造（己亥）光绪元宝库平七钱二分银元
　　直径39.4毫米　重量26.7克

江南省造（己亥）光绪元宝库平一钱四分四厘银元
　　直径23.5毫米　重量5.5克

江南省造（己亥）光绪元宝库平一钱四分四厘银元
　　直径23.5毫米　重量5.5克

江南省造（己亥）光绪元宝库平一钱四分四厘银元
直径23.5毫米　重量5.5克

江南省造（己亥）光绪元宝库平七分二厘银元
　　直径23.5毫米　重量5.5克

江南省造（己亥）光绪元宝库平一钱四分四厘银元
　　直径23.5毫米　重量5.5克

江南省造（己亥）光绪元宝库平一钱四分四厘银元
　　直径23.5毫米　重量5.5克

江南省造（己亥）光绪元宝库平七钱二分银元
　　直径39.4毫米　重量26.7克

江南省造（乙巳）光绪元宝库平七钱二分银元
直径39.4毫米　重量26.7克

江南省造（乙巳）光绪元宝库平七钱二分银元
直径39.4毫米　重量26.7克

（4）江南庚子一元、半元、二角、一角、五分

　　光绪二十六年（1900）所铸造的银元。该币共有五种，其中一元币的版别较多，但是差别不是很大。半元币在市面上极少流通。

中篇　种类特征

江南省造（庚子）光绪元宝库平七钱二分银元
　　直径39.3毫米　重量26.7克

江南省造（庚子）光绪元宝库平七钱二分银元
　　直径39.3毫米　重量27克

江南省造（庚子）光绪元宝库平七钱二分银元
　　直径39.5毫米　重量27克

江南省造（庚子）光绪元宝库平七钱二分银元
　　直径39.7毫米　重量26.8克

江南省造（庚子）光绪元宝库平七钱二分银元
　　直径39.5毫米　重量27克

江南省造（庚子）光绪元宝库平七钱二分银元
　　直径39.5毫米　重量27克

江南省造（庚子）光绪元宝库平一钱四分四厘银元
直径39.7毫米　重量27.1克

（5）江南辛丑一元、二角、一角、五分

光绪二十七年（1901）所铸造的银元。该币共有四种，其中一元、二角、一角币又分为签字版和无签字版两种，签字版正面"丑"字的旁边，铸有英文"HAN"。在这四种银元当中，一元、二角、一角用于流通的较多，而五分币流通极少。

江南省造（辛丑）光绪元宝库平七钱二分银元
直径39.4毫米　重量26.9克

江南省造（辛丑）光绪元宝库平一钱四分四厘银元
直径23.4毫米　重量5.3克

江南省造（辛丑）光绪元宝库平七钱二分银元
　　直径39.7毫米　重量27.1克

江南省造（辛丑）光绪元宝库平七钱二分银元
　　直径39.7毫米　重量27.1克

江南省造（辛丑）光绪元宝库平七钱二分银元
直径39.7毫米　重量27.1克

江南省造（辛丑）光绪元宝库平七钱二分银元
直径39毫米　重量26.8克

江南省造（辛丑）光绪元宝库平七钱二分银元
直径39毫米　重量26.8克

江南省造（辛丑）光绪元宝库平七钱二分银元
　　直径39毫米　重量26.8克

江南省造（辛丑）光绪元宝库平七钱二分银元
　　直径39毫米　重量26.8克

江南省造（辛丑）光绪元宝库平七钱二分银元
　　直径39毫米　重量26.8克

江南省造（辛丑）光绪元宝库平七钱二分银元
　　直径39毫米　重量26.8克

江南省造（辛丑）光绪元宝库平七钱二分银元
　　直径39毫米　重量26.8克

江南省造（辛丑）光绪元宝库平一钱四分四厘银元
　　直径23.4毫米　重量5.3克

江南省造（辛丑）光绪元宝库平一钱四分四厘银元
　　直径23.5毫米　重量5.3克

江南省造（辛丑）光绪元宝库平七钱二分银元
直径39.4毫米　重量27.1克

江南省造（辛丑）光绪元宝库平一钱四分四厘银元
直径23.4毫米　重量5.3克

江南省造（辛丑）光绪元宝库平一钱四分四厘银元
　　直径23.4毫米　重量5.3克

江南省造（辛丑）光绪元宝库平一钱四分四厘银元
　　直径23.4毫米　重量5.3克

江南省造（辛丑）光绪元宝库平一钱四分四厘银元
　　直径23.4毫米　重量5.3克

江南省造（辛丑）光绪元宝库平七钱二分银元
　　直径39.4毫米　重量27.1克

江南省造（辛丑）光绪元宝库平一钱四分四厘
　　直径23.4毫米　重量5.3克

江南省造（辛丑）光绪元宝库平一钱四分四厘银元
　　直径23.5毫米　重量5.3克

中篇　种类特征

江南省造（辛丑）光绪元宝库平一钱四分四厘银元
　　直径23.4毫米　重量5.3克

江南省造（辛丑）光绪元宝库平一钱四分四厘银元
　　直径23.4毫米　重量5.3克

江南省造（辛丑）光绪元宝库平一钱四分四厘银元
　　直径23.4毫米　重量5.3克

（6）江南壬寅一元、二角、一角

光绪二十八年（1902）所铸造的银元。该币共有三种，流通较广。

江南省造（壬寅）光绪元宝库平七钱二分银元
　　直径39.8毫米　重量26.4克

江南省造（壬寅）光绪元宝库平七钱二分银元
　　直径39.8毫米　重量26.4克

江南省造（壬寅）光绪元宝库平一钱四分四厘银元

江南省造（壬寅）光绪元宝库平一钱四分四厘银元

江南省造（壬寅）光绪元宝库平一钱四分四厘银元

（7）江南癸卯一元、二角、一角

光绪二十九年（1903）所铸造的银元。该币共有三种币值，分别是一元、二角、一角。该币有两种模型，一种币面上在"癸"字旁有一朵花星，而另一种没有，其中未有花星的一组银元存世数量较少。

江南省造（癸卯）光绪元宝库平七钱二分银元
　　直径39.5毫米　重量26.7克

江南省造（癸卯）光绪元宝库平七钱二分银元
　　直径39.7毫米　重量26.3克

江南省造（癸卯）光绪元宝库平七钱二分银元
　　直径39.7毫米　重量26.3克

中篇　种类特征

江南省造（癸卯）光绪元宝库平七钱二分银元
　　直径39.7毫米　重量26.3克

江南省造（癸卯）光绪元宝库平七钱二分银元
　　直径39.7毫米　重量26.3克

江南省造（癸卯）光绪元宝库平七钱二分银元
直径39.7毫米　重量26.3克

江南省造（癸卯）光绪元宝库平七钱二分银元
直径39.7毫米　重量26.3克

（8）江南甲辰一元、二角、一角

此币铸于光绪三十年（1904）。其中一元币由于记名的西文前缀（H、TH）及年号下的两点存在差异，又分为四种版别。二角、一角则没有发现差异。

江南省造（甲辰）光绪元宝库平七钱二分银元
　　直径39.6毫米　重量26.6克

江南省造（甲辰）光绪元宝库平七钱二分银元
　　直径40毫米　重量26.9克

江南省造（甲辰）光绪元宝库平一钱四分四厘银元
　　直径23.6毫米　重量5.6克

江南省造（甲辰）光绪元宝库平七钱二分银元
　　直径39毫米　重量26.8克

江南省造（甲辰）光绪元宝库平七钱二分银元
直径39毫米 重量26.8克

江南省造（甲辰）光绪元宝库平七钱二分银元
　　直径39毫米　重量26.8克

江南省造（甲辰）光绪元宝库平七钱二分银元
　　直径39毫米　重量26.8克

江南省造（甲辰）光绪元宝库平七钱二分银元
　　直径39毫米　重量26.8克

江南省造（甲辰）光绪元宝库平七钱二分银元
　　直径39毫米　重量26.8克

江南省造（甲辰）光绪元宝库平七钱二分银元
直径39毫米 重量26.8克

中篇 种类特征

江南省造（甲辰）光绪元宝库平七钱二分银元
　　直径39毫米　重量26.8克

江南省造（甲辰）光绪元宝库平七钱二分银元
　　直径39毫米　重量26.8克

江南省造（甲辰）光绪元宝库平七钱二分银元
直径39毫米 重量26.8克

江南省造（甲辰）光绪元宝库平七钱二分银元
　　直径39毫米　重量26.8克

江南省造（甲辰）光绪元宝库平七钱二分银元
　　直径39毫米　重量26.8克

江南省造（甲辰）光绪元宝库平七钱二分银元
直径39毫米　重量26.8克

江南省造（甲辰）光绪元宝库平七钱二分银元
直径39毫米　重量26.8克

江南省造（甲辰）光绪元宝库平七分二厘银元
　　直径18.9毫米　重量29克

江南省造（甲辰）光绪元宝库平七钱二分银元
　　直径39.6毫米　重26.5克

（9）江南乙巳一元、二角、一角

光绪三十一年（1905）所铸造的此组银元。该币共有三种，其中的二角、一角辅币又分两种，一种"乙"字旁有英文小字，另一种则无。

江南省造（乙巳）光绪元宝库平七钱二分银元
直径39.0毫米　重26.8克

江南省造（乙巳）光绪元宝库平七钱二分银元
直径39.0毫米　重26.8克

（10）宣统二角、一角

宣统元年（1909）所铸造的辅币。该币共有两种，流通甚广。

8. 上海银元

咸丰六年（1856），上海开始自铸银饼，这也是上海最早的银元。当时，在上海所用于流通的货币中数量较多的是中国银元和外国货币，但是已经满足不了商品贸易的需求。上海银行界为了防止外国控制银元的铸造权，就向当时的北洋政府提出在上海开设造币厂的要求，很快就得到北洋政府的准许，并为在沪筹建造币厂积极做准备工作。但由于后来经费等原因，此事也就被搁浅了。所以，现在我们所见到的上海造银元，都是由香港造币厂为上海租界行政管理机构工部局代铸的试铸币。

江南省造宣统元宝库平七分二厘银元
直径19.1毫米　重量27克

（1）经正记六年造一两、经正记万全造五钱、郁森盛丰年造一两、郁森盛王寿造五钱、王永盛万全造一两、郁森盛平正造一两

咸丰六年（1856）由上海银商所铸造的银饼。该币的正面都铸有银商牌号，背面为银匠姓名，目的就是保证银饼的质量。所以，这些银饼的仿制品很多，其中"郁森盛平正造一两"的仿制品数量最多。

上海王永盛万全造一两银元
　　直径39毫米　重量36.6克

上海郁森盛平正造一两银元
　　直径40.5毫米　重量36.6克

上海郁森盛王寿造五钱银元
　　直径34.3毫米　重量18.4克

（2）工部局上海一两试版

同治六年（1867），由香港为上海工部局代铸。该币有两种版别，一种就是币面上的龙纹外圈有外射线，而另一种则无。此币银色好，制作精细、图案美观，所铸造的数量极少，所以极为珍贵。据传当时还铸有"工部局上海贰钱币"字样，但迄今还没有发现其大量真品。

工部局上海一两银元
直径38.8毫米　重量36.6克

工部局上海一两银元
直径38.5毫米　重量36.6克

工部局上海二钱银元
直径27.2毫米　重量7.3克

（3）中外通宝关平一两、五钱

据传该币共有五种，分别是一两、五钱、三钱、二钱、一钱。但迄今为止，只发现一两和五钱两种，属罕见品。

9. 安徽省银元

光绪二十三年（1897），安徽省开始试铸银元。当时的安徽巡抚邓华熙以"挽外溢之利"为由，向清政府递上奏折，其内容是："仿广东、湖北筹铸大小银元，以济钱荒。"清政府准许后，邓氏便在安庆城内原制造局的旧址上建立了安徽银元局，此外还向外国购买了造币机。光绪二十四年（1898），安徽银元局铸造了两套纪年银元。光绪二十五年（1899），又分别铸有纪年和无纪年银元各一套。之后不久，清政府为掌控银元的铸造权，下令除保留广东、湖北两省的造币厂外，撤除其他各省的银元局。此后安徽银元局不再铸造银元。至辛亥革命后，该厂只铸造了"袁大头"及其他的纪念章。

由安徽省铸造的银元套数不多,而且铸造时间短促,所以流入市面的银元也更为稀少,现在成为收藏者紧追不舍的对象。如光绪二十三年(1897),由安徽银元局试铸的两枚银元,虽然币材不是银质的,但也是少有的币种,其珍贵程度也是其他银元所不能相及的。光绪二十四年(1898),由安徽省所铸造的银元,正面的中央铸有汉字、满文、英文三种文字。在近代中国的机制铸币中,此币也是较为稀有的。安徽省所铸造的银元,不但它们的制作精细、美观,而且它们币面上的文字,不仅仅让我们领略当时书法大家们的书法风格,更能带给我们精神上的满足。由安徽省所铸银元的主币中,无论那种版别,都是极为少见的。

(1)安徽省造一元、二角、一角、五分

光绪二十三年(1897)以前铸造。该币共有四种,流通范围甚广。迄今为止未,发现的只有五分的银元。

光绪二十三年安徽省造光绪元宝库平七钱二分银元

（2）光绪二十三年二角

光绪二十三年（1897）铸造。该币试版不久之后就改用光绪二十四年的版，和下述光绪二十四年的组币是同一类的，币面上都有"ATSC"四个西文字母。

该币的正面上部有"二十三年安徽省造"字样，下部有"库平七钱二分"字样，中间小圈内的"光绪元宝"分别是用汉文和满文书写的，背面是团龙图案，四周是英文"安徽省""七钱二分"等字。此币流入市面的数量极少，所以尤为珍贵。

（3）光绪二十四年一元、半元、二角、一角

光绪二十四年（1898）由安徽省铸造。该币共有四种，分别是一元、半元、二角、一角。因为此币的银色较差，所以就没有和当时广东、湖北、江南等省所铸的银元同等使用。该组银元的版别较多，其主要区别是银元币面上花星的不同和西文字母"ATSC"的有无，但须仔细辨认后才能判断准确。

光绪二十四年安徽省造光绪元宝
库平三钱六分银元
直径33.7毫米　重量13.3克

光绪二十四年安徽省造光绪元宝
库平七钱二分银元
直径39.2毫米　重量27克

光绪二十四年安徽省造光绪元宝库平七钱二分银元
直径39毫米 重量26.8克

（4）光绪戊戌一元、一角

光绪二十四年（1898）铸造。共有两种。

（5）光绪二十五年五分

光绪二十五年（1899）铸造。只有一种。

10. 浙江省银元

光绪二十二年（1896），由广东钱局为浙江省代铸银辅币。该币共有两种，分别为库平一钱四分四厘和库平七分二厘。光绪二十五年（1899），当时的浙江省巡抚廖寿丰在清政府准许自铸银元后，就向外国购置造币机，聘请外籍技师。之后不久就铸造两套五种币值的银元，该币的币文采用的是北魏书体，币面的宝字作"尔宝"。另外还有一套由英国伯明翰造币厂的试铸品，该币的币面上的宝字作"缶宝"，所铸造的数量极少，所以尤为珍贵。辛亥革命后，浙江造币厂停铸。到1920年才开设造币分厂，不久之后又归中央管理。1924年，浙江省铸造了二毫和一毫银元，目的是抵制当时大量流入浙江省的劣质银毫，而二毫有两种制式，分别由浙江省设计的和仿铸广东二毫银元。

浙江省铸造的银元，其中有一些是代铸币，而且其所铸造的数量较少，流通时间短促，事移境迁，现在这些银元就显得尤为珍贵，如"民国二十二年浙江省光绪元宝""民国二十三年浙江省光绪元宝"和"浙江光绪元宝"，现在已经很难寻找它们的踪影。北魏书体的浙江银元，是中国近代银元中最具特色的,也是不可多得的。据说浙江银元的币文出自浙江绍兴陶心云之手,其字体方正凝重,可谓"寓变化于整齐之中,藏奇崛于方平之内"。

(1)光绪二十二年二角、二十二年一角、二十三年二角

光绪二十二年至二十三年(1896—1897),由浙江省初次铸造。该币有两种币值,分别是二角、一角,而且所铸的数量极少,属于稀见品。

浙江省造光绪元宝库平一钱四分四厘银元
直径24.2毫米 重量5.5克

江南省造(戊戌)光绪元宝库平一钱四分四厘银元(正面)
直径23.4毫米

浙江省造光绪元宝库平一钱四分四厘银元(背面)
直径24.2毫米 重量5.5克

(2)光绪二十八年一元、半元、二角、一角、五分

光绪二十八年(1902),浙江省效仿广东等省铸币的模式而铸造蟠龙银元,共有五种币值。而在浙江省铸造的银元中,其中半元以下的辅币较多,主币一元因铸造的数量极小,较为珍贵,而另一种一元币的币面的花星和先前那种差别很大,属罕见品。

浙江省造光绪元宝库平七钱二分缶宝样币

浙江省造光绪元宝库平七钱二分银元

（3）民国十三年二毫、一毫

民国十三年（1924）所铸造的银辅币。该币的成色不佳，其中二毫币用于流通的数量较少，但是壹毫币却充斥市面。

11. 福建省银元

光绪二十年（1894），由当时的闽浙总督准许福州东街乡孙葆晋以个人名义集股购买机器，开设商办银元局。光绪二十四年（1898），由福建省银元局铸造了三种"福建省光绪元宝"银辅币，俗称"福角"，后来由于清政府的不断干预而停铸。光绪二十六年（1900），当时闽浙总督许应骙在征得清政府准许铸造银元后，便在原福建银元局的基础上筹建了福建官银局，并铸造了"福建官局造光绪元宝"。

辛亥革命后，该厂铸造了多种中华元宝银元。1920年，该厂又分为福建银元厂和福建铜元厂。之后，福建银元厂又铸造了"中华癸亥"和"民国甲子"银元。1924年，铸造二毫银元。1927年，福建省不但铸造了两种北伐纪念银元，还铸有三种总理纪念币。1928—1932年，福建省铸造了两种币值、三个年号的"黄花岗纪念银元"，用以纪念在广州黄花岗起义中牺牲的19位福建籍的烈士。

（1）福建官局一元、二角、一角、五分

光绪二十八年（1902）铸造。此组银元共有四种。其中一元币流入市面的数量极少，据推测可能是样币，所以甚是珍贵，而五角币暂未发现。

中篇　种类特征

福建官局造光绪元宝库平三分六厘银元
　　直径16毫米　重量1.4克

福建官局造光绪元宝库平一钱四分四厘银元
　　直径23.5毫米　重量5.3克

福建官局造光绪元宝库平七分二厘银元
　　直径18.8毫米　重量2.6克

福建官局造光绪元宝库平七分二厘银元
　　直径18.9毫米　重2.4克

（2）福建省造二角、一角、五分

光绪二十八年至光绪三十一年（1902—1905）所铸造的此组银元。其中二角币和一角币根据币面图案的不同又可分为两种，此类辅币的成色好，而且所铸造的数量极多，和江南、广东、湖北各省的辅币相等。

福建省造光绪元宝库平三分六厘银元
直径16毫米　重量1.4克

福建省造光绪元宝库平三分六厘银元
直径16毫米　重量1.3克

福建省造光绪元宝库平一钱四分四厘银元
　　直径23.5毫米　重量5.3克

福建省造光绪元宝库平七分二厘银元
　　直径18.8毫米　重量2.6克

（3）都督府辛亥二角

民国初年（1911，一说宣统三年）由福建都督府所铸造的辅币。

（4）官局二毫、一毫

民国十年（1921）左右由福建官局所铸造的银元。银色极差。

（5）民国十三年二毫

民国十三年（1924）由福州造币厂所铸造的银元。银色极差。

（6）中华癸亥二角

民国十二年（1923）由福建银元厂所铸造的银辅币。当时已经改为阳历，而该币的正面却是"中华癸亥"四字，所以该币铸造时间有待于进一步的考证。

（7）民国甲子二角、一角

民国十三年（1924）由福建银元厂所铸造的此组银辅币。该币的正面也铸阴历纪年，所以其铸造时间有待进一步考证。

（8）中华元宝二角、一角

民国十三年（1924）由福建银元厂所铸造的此组银元。

12. 广西省银元

光绪三十一年（1905），在清政府的准许下，广西省筹建了桂林和南宁两个造币厂。但不久之后，广西的造币厂并归于广东造币厂，由广东造币厂负责铸造所需银元。辛亥革命后，广西南宁创建了铜元局并开始铸造铜元。1919年，开始仿效广东双毫铸造银毫，俗称"西毫"。1920年，该厂又铸有二毫和一毫银元。1922—1927年间，广西省都一直在铸造贰毫银元。1949年，国民党统治地区的经济处于崩溃边缘，通货膨胀较为严重，而且物价不稳定，为了解决这一问题，国民党政府被迫恢复银本位制度，当时广西省铸造过一枚银本位币。

民国八年（1919）至民国十六年（1927），除各别年份外，广西每年都有铸造银元。由广西造币厂铸造的银元，只有二角和一角银毫两种，没有铸造过主币。广西铸造的银毫，其形制大体和广东省的二毫银元相同，不同之处就是广西银毫的版别较多，主要表现在：花星、花饰和英文字母不尽相同，另外银元币面中间或加"桂"字，或加"西"字。值得一提的就是民国三十八年（1949）所铸造的银元。该币币面的图案是广西名胜象鼻山，制作精细、美观，具有浓郁的地方特色。

（1）广西二毫

直至民国八年（1919），广西省才开始仿效广东省铸币的模式开始自铸毫银。民国八年至民国十六年（1919—1927），广西省开始铸造二毫，从未间断过。民国十五年至民国十六年（1926—1927）这两年所铸造的银元，其币面的正面是两枝花朵的图案，和之前的银元大不相同。另外，民国十三年（1924）广西造币厂所铸造的二毫中，一种的币面正面中央有一个小"桂"字样，但此币流入市面的数量极少。据传民国十年（1921）由美国费城造币厂所铸造的二毫试铸版，甚为珍稀；民国十一年（1922）广西造币厂所铸造的二毫的数量极少，属罕见品。

（2）广西一毫

广西所铸造的一毫银元有两种，分别是民国九年一毫和民国十年一毫。其中民国九年一毫所铸造的数量较少，属稀罕品；而民国十年一毫是试版铜样，并没有铸造。

13. 湖南省银元

张之洞在广东省铸币并发行成功后，其他的省纷纷活跃起来，创建造币厂。光绪二十四年（1898），湖南省开始创建湖南造币厂，购买外国的造币机，并试铸了一套样币。湖南造币厂分别在光绪二十四年（1898）和光绪二十五年（1899）各铸造了一枚库平七分二厘的银辅币。光绪二十七年（1901），清政府下令除广东、湖北两省外，撤除其他省的造币厂，湖南造币厂就此停铸。辛亥革命后，湖南铜元局铸有一枚"洪宪开国纪念币"一角银元。民国十一年（1922），该局又铸一枚纪念币，用于庆祝当时"湖南省宪法"的顺利公布。

湖南省造光绪元宝中的库平七钱二分、三钱六分和三分六厘三枚试铸样币，现在存世量极少，甚为珍稀。辛亥革命后由湖南省所铸造的"洪宪开国纪念中华银元"和"省宪成立纪念币"，是颇有趣味的。从银元的铸造背景来看，我们可以了解到当时中国所处的状况，而湖南省又被哪个军阀所掌控等情况。

（1）银饼四种

在光绪年间，湖南省用银两进行交易，而且都使用银饼的形式，并沿用湘平纪重。湖南省共铸有四种银饼：大清银行银饼，从一两至一钱；阜南官局银饼，从一两至一钱；钱益字号银饼，从一两至一钱；官钱局造银饼，有多少种不详，这里只列有一两、二钱、三钱三种。此外，还铸造过少量的银辅币，但其流通不大。

（2）湖南省造二角、戊戌一角、己亥一角、双星或单星一角

光绪二十三四年间由湖南省所铸造的银元。该币有二角的一种，一角的四种，干支纪年的正面左右各有双星或单星一角的两种，还有戊戌一角、己亥一角。

（3）洪宪一角

民国四年（1915）由湖南省造币厂为时任湖南省督汤芗铭拥护袁氏称帝所铸造的银元。该币的数量存世量极少，所以极为珍罕。

14. 四川省银元

光绪二十二年（1896），四川省开始筹建银元局。到光绪二十四年

（1898）六月，成都机器局已基本建成，但未铸造银元。光绪二十七年（1901），当时的四川总督奎俊在清政府准许下自铸银元。不久后，便铸造一套银元，称为"四川缶宝"银元。光绪二十八年（1902），成都机器局又铸造一套新样式银元，称为"四川尔宝"银元。在此之前，清政府为了抵制英国的"印度卢比"而用土法铸造了一种"炉关"银元，因为该币的成色很高，广大民众较为喜用，所以该币也很快成为被人收藏或销熔的对象。当时的四川总督锡良（蒙古人）就向清政府请求自铸银元。不久，清政府准许四川自铸币。之后，就由四川银元厂铸造了"四川藏洋"并开始发行。该币的币面图案是光绪皇帝半身侧面像。宣统元年（1909），该厂铸造了一套"宣统元宝"并开始发行。民国元年（1912），该厂又铸造了一套"四川银元"。后来，该厂又铸造了一枚醒狮银质纪念币。

四川省所铸造的银元中，除极少"四川缶宝"试铸币外，其他存世的银元较为易见，而且价格也比较便宜。但这些铸造的银元的历史背景及它们在当时所起到的一定的作用，是颇为耐人寻味的。"四川卢比"是近代我国的银元中最早将帝王像铸在银元上的。该套币虽然是仿"印度卢比"所铸造，却胜似"印度卢比"。从某个角度讲，这套银元的铸造和发行也是清政府和英国列强之间进行的一场渗透与反渗透的货币战争的产物。

辛亥革命后，四川所铸造的银元具有浓郁的地方特色。这时期所铸造的银元，币面的正面中心铸有芙蓉花团，代表成都（因为成都称为蓉城），背面为篆书"汉"字，代表"大汉四川独立军政府"，又含有反清的意思，外围用十八星点装饰，象征全国进行民主革命的十八个省，寓意深刻。而民国元年所铸造的狮像银元，币面正面是醒狮图，寓意中国已经从"睡狮"中醒来，气势非凡。这时期所铸造的银元，虽然较为简洁，但寓意深刻，同时也反映了辛亥革命后人们思想意识的转变及四川的历史实况。

（1）光绪二十四年试铸币一元、五角、二角

光绪二十四年（1898）由成都造币厂所试铸的银元。迄今为止，只发现三种币值，分别为一元、五角、二角。因为该币没有用于流通，现存世量极少，所以甚为珍贵。

四川省造宣统元宝库平七钱二分银元
直径39.7毫米　重量26.6克

四川省造宣统元宝库平三钱六分银元
直径33.8毫米　重量13.2克

四川省造宣统元宝库平七钱二分银元

（2）光绪二十四年一元、半元、二角、一角、五分

光绪二十四年（1898）所铸造的用于正式流通的银元。该币共有五种，在西南数省使用甚广。

四川省造光绪元宝库平七钱二分银元
直径39.7毫米　重量27克

四川省造光绪元宝库平七钱二分银元
直径39.7毫米　重量27克

四川省造光绪元宝库平七钱二分银元
　　直径39.7毫米　重量27克

四川省造光绪元宝库平七钱二分银元
　　直径39.7毫米　重量26.6克

四川省造光绪元宝库平七钱二分银元
　　直径39.7毫米　重量26.6克

中篇　种类特征

四川省造光绪元宝库平三钱六分银元
　　直径33.7毫米　重量13.5克

四川省造光绪元宝库平三钱六分银元
　　直径39.7毫米　重量26.6克

四川省造光绪元宝库平三钱六分银元
　　直径39.7毫米　重量26.6克

四川省造光绪元宝库平三钱六分银元
直径39.7毫米　重量26.6克

（3）英文错版一元

该币是由四川省所铸造的一元银元。该币的背面有很多英文错字，而且所铸造的年代不详。该币也是不可多得的珍稀品。

（4）宣统元年一元、半元、一角、五分

宣统元年（1909）所铸造的银元。该币共有四种币值。除半元币外，其他三种币值的流用甚广。

（5）军政府造一元、五角、二角、一角

民国元年（1912）由四川省所铸造的银元。该币共有四种币值，分别是一元、五角、二角、一角。最初铸造时，其重量、成色均按照清政府币制的规定，所以该币很快进入流通领域，而且其流通范围相当广

泛。之后，由于当地军阀的滥造，银元的重量、成色不一，而且币面上的花纹也各有不同，可达百种。

民国元年四川银元五角佛手花
直径33.1毫米　重量12.8克

（6）四川卢比

光绪二十八年（1902）由四川省所铸造的银元。当时的川督岑春煊为了抵制流入四川的"印度卢比"，就仿"印度卢比"铸造了"四川卢比"，其成色、重量是相同的。其中一卢比币的版别特别多，达数十种。

四川省造光绪帝像卢比
直径31.3毫米　重量11.4克

四川省造光绪帝像卢比
直径30.7毫米　重量11.6克

（7）民国元年二角币

民国元年（1912）由四川省所铸造的二角银元。该币共有两种，一种为川督尹昌衡所铸造的，曾用于流通，但其数量很少；另一种是试铸币，币面是四川省徽坐狮图案。至于该币是否用于流通，有待进一步的考证。

15. 云南省银元

在云南省未建造币分厂之前，云南地区用于流通的货币主要是来自法国殖民地安南的"印支坐洋"以及"湖北龙洋"，还有大量流入云南的"印度卢比"。为了抵制"印度卢比"，云南也曾效仿四川试铸"云南卢比"银元，但未正式流通。光绪三十一年（1905），云南省为筹建造币分厂做准备的工作。后经清政府准许后，光绪三十二年（1906）云南省开始建厂房并购置机器，至光绪三十三年（1907）二月竣工。

之后，铸造了一套"光绪元宝"银元，俗称"老云南"。光绪三十四年（1908），云南造币厂铸造了一套新版的"光绪元宝"。宣统二年（1910）和宣统三年（1911），云南造币厂分别铸造了一枚"宣统元宝"的试样银元和一套"宣统元宝"。辛亥革命后，云南造币分厂收归省办，并铸有唐继尧像纪念银元。1932年，云南造币厂铸有"双旗银元"。1949年，国民党政府统治地区发生了严重的通货膨胀、物价不稳定，使本来千疮百孔的中国经济雪上加霜，加之国民党违背人民意愿发动内战，使广大民众处于水深火热之中。国民党政府被迫恢复银本位制，云南省铸有一枚银元。在第二次世界大战期间，当时在云南的边界还流通"富字"银元和"鹿头"银元两种边疆军饷银。虽然云南省建厂铸币较晚，但银元中有很多珍品和精品。如最初为了抵制"印度卢比"所铸造的"云南卢比"试铸银元和"庚戌春季云南造光绪元宝库平七钱二分"银元，都是极为难得的珍罕品。此外，在云南省所铸造的银元中，蟠龙图案的形态也是多样化的，如"光绪元宝"银元有旧版龙和新版龙，两种龙的风格迥然不同，旧版龙纤细秀美，新版龙肥大粗犷。而"宣统元宝"银元中也有"光绪版"和"宣统版"龙，虽然两种龙差异不大，如不仔细分辨，根本就看不出来。在云南省所铸造的银元中，更值得一提的是所铸的"唐继尧拥护共和纪念币"，它的出现不仅是唐继尧的身份标志，还更多地再现了那段历史。该币的图案有两种，一种是唐继尧的侧面像，另一种是他的正面像，但前者要比后者的数量少，因此前者价格较之后者要高。此外，1949年，云南省还铸造了二角银元。该币的币面图案是财政厅办公楼，不同于以往的银元，给人一种耳目一新的感觉。

（1）老云南一元、五角、二角

光绪三十三年（1907）所铸造的银元。该币有三种币值，分别是一元、五角、二角。此币因为银色不佳，所以只在云南、贵州、四川、陕西地区流通，也称为"老云南"。

云南省造光绪元宝库平七钱二分银元
直径39.5毫米　重量26.4克

云南省造光绪元宝库平三钱六分银元
直径33.3毫米　重量13.3克

云南省造光绪元宝库平七钱二分银元

（2）新云南一元、五角、二角、一角

光绪末年所铸造的银元。该币有四种币值，其成色和版样迥然不同，尤其是五角币（俗称"半开"）较为突出。版别有"宝珠"和"回珠"的区分；龙爪有"大爪"和"小爪"之别；光绪的"绪"字有"挑勾"和"平书"等名称，可以以此来区分其成色。

云南省造光绪元宝库平三钱六分银元
直径33.2毫米　重量13.3克

（3）云南卢比试样

光绪三十三年（1907）由云南造币厂开厂的试铸银元。它是仿照四川铸币而改铸的，而且所铸造的数量极少，现在流通于市面上的就只有一二枚。还有一说是该币系由四川省为云南省代铸的，关于这点有待考证。

云南人像卢比

（4）宣统一元、五角

宣统元年（1909）所铸造的"宣统元宝"。该币共有两种币值，重量及成色和"光绪元宝"一样，而且流通相当广泛。

云南省造宣统元宝库平三钱六分银元
直径33.4毫米　重量13.4克

云南省造民国半圆银元库平三钱六分银元

云南省造民国半圆银元库平一钱四分四厘银元

（5）宣统元宝庚戌一元

宣统二年（1910，岁次庚戌）所铸造的银元。该币的币面铸有"庚戌春季云南造"字样。该币所铸造的数量不多，属罕稀品。

（6）民国二十一年半元、二角

民国二十一年（1932）由云南省所铸造的银元。该币共有两种币值。因为银色较差，所以流通不是很广泛。

16. 山东省银元

山东省最早开始自铸的银元是在光绪十六年（1890）由山东制造局铸造的两种银饼。此后光绪二十四年（1898）至光绪二十七年（1901），虽然历经几任巡抚向清政府奏请要设厂铸币，但都因种种原因而耽搁下来，最后也就不了了之。现在我们所见到的只有三种银饼。

在近代中国各省银元发展史中，山东省与其他省的不同点就是没有铸造过机制币。而由山东省自铸的银元，只有光绪十六年（1890）由山东制造局铸的一种"足纹壹两"银饼和一种"足纹五钱"银饼，而且两者的形状都为圆形。此外还有一种"斧形足纹五钱"银饼，也由山东制造局负责铸造，但其具体铸造年代，有待进一步的考证。这三种银饼尤为珍贵。

17. 贵州省银元

在清代，贵州省用于流通的货币是白银，除此之外，当时的地方政府也铸造了一些一两以下的银锞子也作为流通的货币。雍正八年（1730），贵州省为了铸造铜钱，就在毕节建立宝黔局，但不久之后便停铸。光绪十四年至十六年（1888—1890），贵州省先后铸造几种银锞，称为"黔宝银饼"。光绪二十五年（1899）前后，这时期贵州没有铸造机制银元，而当时用于流通的货币是一些外省的机制银元和银两。民国十三年（1924），贵州创建了造币厂，并开始仿铸"孙中山像开国纪念币"和"四川银元"。民国十七年（1928），贵州造币厂铸造"贵州汽车银元"，是当时的贵州省政府主席周西成令贵州造币厂为贵州省道竣工而铸造的。1949年贵州省解放前，该厂还铸造了一种"竹枝银元"和两种辅币。

贵州省铸造的银元虽然种类不多，但是具有浓郁的地方特色，如由贵州官炉利用土制熔铸的"黔宝银饼"，其制作不是很精美，但却透露着古朴典雅之美。该币因为铸造的数量不多，而且流入市面的也极少，所以在今天就显得尤为珍贵。民国期间由贵州省所铸造的"汽车银元"和"竹枝银元"更值得一提。两种银元的币面设计较为新颖、别致，将汽车、竹枝和甲秀运用在银元币面上，可谓巧夺天工，构思巧妙，在近代中国的银元中堪称奇葩。

（1）光绪十四年黔宝一元、半元

光绪十四年（1888）由贵州官炉所铸造的银饼。此币共有两种币值，分别为一元和半元。其中，一元币重七钱二分，半元币重三钱六分。该币因为深受当地苗族人们所喜爱，所以成为交易的主要货币。由于此币不是机铸的，流入市面的极少。

（2）光绪十六年黔宝一元

光绪十六年（1890）所铸造的银元。该币币面上的图案和光绪十四年的不一样。

（3）官炉银饼

民国初年所铸造的银元。该币重约五钱。

（4）民国十七年一元

民国十七年（1928），当时的贵州省主席周西成为了纪念贵州省省道竣工而令贵州造币厂铸造的银元。该币的背面是汽车图案，在汽车道下的细草，铸有"西成"二字。该币制作精细、美观，但银色不佳。国外的收藏者对此币却是情有独钟。

18. 陕西省银元

光绪二十四年（1898），陕西省不但向清政府奏请设厂铸币，而且还向外国购买造币机和钢模。光绪二十五年（1899）年初，由英国的喜敦造币厂为陕西省设计好钢模，并试铸了一套"陕西省造光绪元宝"，有五种面值，共试铸十套。不久，因为清政府推行币制改革，陕西省自铸银元就中止了。我们现在所能见到的陕西省造银元都是由英国伯明翰喜敦造币厂所铸的试铸样币。

试版一元、五角、二角、五分

此组币是由湖北造币厂代铸的试版币。该币共有四种币值,分别是一元、五角、二角、五分。其流入市面的极少,所以甚为珍贵。

陕西省造光绪元宝库平七钱二分银元
直径38.2毫米　重量27克

19. 山西省银元

宣统二角

至民国时期,山西省才开始设厂铸币,但是专铸银元。铜元到银元,中间没有文字转折,如,"宣统二角"的正面铸有"山西省造"字样,背面却是英文的东三省,而且错误很多,所以至于它到底出自哪个省造,有待于进一步的考证。

20. 甘肃省银元

（1）袁币一元

该币是甘肃省仿民国三年（1914）袁像国币所铸造的。此币的正面两旁是"甘肃"二字。其成色极差，而且流通数量相当少，属珍罕品。

民国三年甘肃省造袁世凯像一元银元
直径38.6毫米　重27.6克

（2）孙币一元

民国十七年（1928）甘肃省所铸造的新银元。该币的正面是孙中山像，背面的文字有汉文和满文。该币也是民国银元中较有特色的币种。

民国十七年甘肃省造孙中山像一元银元
直径38.7毫米　重量26.7克

21. 直隶银元

龙凤二角、一角

民国十五年（1926）为直隶督军褚玉朴所铸造的银元。该币的图案仿照民国十二年（1923）龙凤一元币。其成色极差，而且其流通也很少。

22. 奉天银元

　　清代的奉天省即今辽宁省。光绪二十三年（1897），奉天机器局建立。当年，该局就铸造了"光绪二十三年银元"，但现在却见不到它的踪迹了。光绪二十四年（1898）至光绪二十五年，该局每年铸一套以元为单位的银元。光绪二十五年（1899），该局停铸。光绪二十九年（1903），奉天机器局更名为奉天造币厂，先后铸造了多种以两为单位的银元，诸如"癸卯光绪元宝一两""癸卯光绪元宝""库平七钱二分"和"甲辰光绪元宝"等银元。

　　奉天省铸造的银元品种并不多，但不乏精品之作，如"癸卯奉天光绪元宝库平银一两"银元，现在其试铸样币已是孤品，它不但在中国清代龙洋币中脱颖而出，而且在美国加州的一次拍卖会上以最高的身价轰动全场。

　　在奉天机器局铸造的银元中，较早摆脱面值纪重而采用"一圆"的有"大清光绪二十四年"和"大清光绪二十五年"银元，以及北洋机器局所铸的"大清银元"。此类币的正面图案复杂，而且文字繁多。而奉天机器局所铸的银元要比北洋机器局所铸的银元更为复杂，其币面上有汉字、满文和英语三种文字。

（1）光绪二十四年一元、五角、二角、一角、五分

　　光绪二十四年（1898）由奉天机器局铸造的银元。共有四种币值。其流通的地区只在东三省，而且其版别繁多。若用币面的花纹加以区别的话，版别可达十多种。

大清光绪二十四年奉天机器局一元银元
直径39.4毫米 重量26.7克

大清光绪二十四年奉天机器局一元银元
直径39.5毫米 重量23.1克

大清光绪二十四年奉天机器局一元银元
直径39.5毫米　重量26.7克

奉天省造（癸卯）光绪元宝库平七钱二分银元
直径39.5毫米　重量26.7克

（2）光绪二十五年一元、五角、半角

光绪二十五年（1899）由奉天机器局所铸的银元。该币共有三种，分别是一元、五角、半角。其中五角币较为少见。此外，还有一种五角的光绪二十五年错版。此币的正面是"二十五年"汉文，背面是"二十四年"满文。

（3）光绪三十二年五角

该币的正面是汉文"三十二年"（1906），背面满文却为"二十四年"（1898），其币面正面上铸有"奉天机器局造"，而奉天机器局建于光绪二十七年（1901），所以该币应属错版。

（4）光绪癸卯一元

光绪二十九年（1903），岁次癸卯，由奉天造币厂所铸造的奉天省银元。币面上铸有"癸卯"二字。此币有两种版式，其主要区别是币面中心的满文"奉宝"二字，一种是从左边读，一种是从右边读。

（5）光绪甲辰二角

光绪三十年（1904）由奉天省所铸造的两角银辅币。该币有两种版本，一种薄而大，一种厚而小。但这二者的重量是相同的，都是一钱四分四厘。

奉天省造（甲辰）光绪元宝库平一钱四分四厘银元
直径25.4毫米 重量5克

奉天省造（甲辰）光绪元宝库平一钱四分四厘银元
直径23.7毫米　重量5.1克

23. 吉林省银元

在中国近代机制银元史上，吉林省可谓我国铸造银元的先行者，其所铸的"吉林厂平"也是我国第一套机制银元。

吉林省铸的银元品种较为丰富。光绪二十三年（1897），由吉林省机器局负责试铸了一套银

吉林省造（癸卯）光绪元宝库平三钱六分银元
直径40.1毫米　重量26.2克

元。该套币的主币正面中间是一瓶万年青，因此称为"吉林万年青银元"。光绪二十四年（1898），吉林省机器局更名为吉林省银元局，并铸造大小银元。之后，该局所铸银元的币面上又加铸甲子纪年。光绪二十六年（1900），该局所铸银元的币面上不但有"庚子"的万年青版别，还铸造了"庚子"的阴阳鱼太极图案版别的银元。

光绪二十八年（1902）年到光绪三十一年（1905），吉林省只铸一种阴阳鱼太极版的银元；光绪三十二年（1906）到光绪三十三年（1907），该局也只铸一种万年青版的银元。光绪三十四年（1908），吉林省铸造三种版别的银元，分别是币面文注"戊申"的万年青版、币面文注"戊申"的满文版、币面文注"戊申"的数字版。此外，吉林省还铸有一种戊申"吉"字大清银元一两，不久就被停铸。1910年，吉林省铸了一种"吉"字宣统元宝库平一钱四分四厘的银元，根据"吉"字阴阳文的不同可以分为两种版别。

（1）厂平银元六种

光绪十年（1884）由吉林机器官局铸造的银元。该币共有六种币值，分别为一两、七钱、半两、三钱、一钱（二种）。其中一两币比较珍贵。就流通而言，半两币流通较广，其他的较少见。

（2）光绪二十四年一元、半元、二角、一角、五分

光绪二十四年（1898）由吉林省首铸的通用银元。该币共有两种版本，每种版别都有五种币值，分别为一元、半元、二角、一角、五分。这两种版别的主要区别是"吉""宝"二字的书法不同。

（3）光绪己亥一元、五角、二角、一角、五分

光绪二十五年（1899，岁次己亥）由吉林省仿江南省铸币的模式所铸造的银元。该币正面加铸干支纪年，共有五种币值，分别为一元、五角、二角、一角、五分。

吉林省造光绪元宝库平一钱四分四厘
　　直径23.3毫米　重量5.4克　2级

吉林省造光绪元宝库平七分二厘
　　直径18.2毫米　重量2.7克　2级

中篇　种类特征

吉林省造（己亥）光绪元宝库平七钱二分银元
　　直径38.7毫米　重量26.2克

吉林省造（己亥）光绪元宝库平三钱六分银元
　　直径33.4毫米　重量13.2克

吉林省造（己亥）光绪元宝库平一钱四分四厘银元
直径23.9毫米　重量5.3克

（4）光绪庚子一元、五角、二角、一角、五分

光绪二十六年（1900，岁次庚子）由吉林省所铸造的银元。该币共有五种币值，分别为一元、五角、二角、一角、五分。此币有两种版本，分别是"光绪元宝"四字中间以万年青为图案的银元和以太极为图案的银元。

（5）光绪辛丑一元、五角、二角、一角、五分

光绪二十七年（1901，岁次辛丑）由吉林省所铸造的银元。该币共有五种币值，分别是一元、五角、二角、一角、五分。

吉林省造（辛丑）光绪元宝库平三钱六分银元
直径33毫米　重量13.2克

（6）光绪壬寅一元、五角、二角、一角、五分

光绪二十八年（1902，岁次壬寅）由吉林省所铸造的银元。该币共有五种币值，分别是一元、五角、二角、一角、五分。

（7）光绪癸卯一元、五角、二角、一角、五分

光绪二十九年（1903，岁次癸卯）所铸造的银元。该币共有五种币值，分别是一元、五角、二角、一角、五分。

（8）光绪甲辰一元、五角、二角、一角、五分

光绪三十年（1904，岁次甲辰）所铸造的银元。该币共有五种币值，分别是一元、五角、二角、一角、五分。

（9）光绪乙巳一元、五角、二角、一角、五分

光绪三十一年（1905，岁次乙巳）由吉林省所铸造的银元。该币共有五种币值，分别是一元、五角、二角、一角、五分。

吉林省造（乙巳）光绪元宝库平一钱四分四厘银元

（10）光绪丙午一元、五角、二角、一角、五分

光绪三十二年（1906，岁次丙午）由吉林省所铸造的银元。该币共有五种币值，分别是一元、五角、二角、一角、五分。

（11）光绪丁未一元、五角、二角、一角、五分

光绪三十三年（1907，岁次丁未）由吉林省所铸造的银元。该币共有五种币值，分别是一元、五角、二角、一角、五分。

（12）戊申一元、半元、二角、一角

光绪三十四年（1908，岁次戊申）由吉林省所铸造的银元。该币共有四种币值，分别是一元、半元、二角、一角。但是它的版别较多，主要区别表现在三个方面：一、币面的正面"光绪元宝"四个字中间是满文"吉宝"两字；二、"光绪元宝"中间是万年青图；三、"光绪元宝"中间是数字。吉林省所铸造的银元不但版别多，而且种类也较为丰富，如就银元的花纹而言，就有七八百种之多，可称得上为全国之首。

吉林造（戊申）光绪元宝库平七钱二分银元
直径38.6毫米　重量26.1克

（13）光绪戊申一两

光绪三十四年（1908，岁次戊申）据传由天津造币厂为吉林省代铸的一两银元。该币的币面中间有一"吉"字。

（14）宣统二角

据传由天津造币厂代铸的银元。该币有两种版别：一种中间"吉"字为阳文，另一种为"阴文"，而且龙纹也不一样。都属于罕见品。

24. 黑龙江省银元

（1）两串银饼

咸丰年间所铸造的银元。

（2）半元样币

黑龙江省没有造币机构。据专家考证，从字体和龙纹上判断，该币和安徽省的半元币相同；也有的人认为该币是由湖北省代铸的。这有待于进一步的历史考证。该币为黄铜样币，所以极为珍贵。

25. 东三省银元

光绪三十三年（1907），清政府把奉天（今辽宁）、吉林和黑龙江三省合称为东三省。当时的东三省总督徐世昌奏请天津户部造币总厂代铸大银元，然后由奉天和吉林两省的造币厂合并成的东三省造币厂负责铸造小银元。后来，天津户部造币总厂代铸了一套四种面值的"光绪元宝"银元，而东三省造币厂只铸库平一钱四分四厘的银元。宣统元年（1909），东三省造币厂开始铸造"宣统元宝"一钱四分四厘的小银元，而且其版别也是相当地多。辛亥革命后，奉天造币厂按旧模铸造小银元，后来又在民国三年（1914）年后铸造了两种新式的"宣统元宝"小银元。

天津户部造币总厂为东三省所代铸的银元，其主币库平七钱二分和先前由北洋造的光绪元宝三十三年版是极为相近的。它们大体上是相同的，只是正面和背面的中英文地名有些改变。但是，东三省所铸造的银元要比北洋造的银元身价高出二十倍。东三省所铸造的银元虽然套数不多，但版别却较为丰富，如宣统元宝库平一钱四分四厘银元不但铸造的时间跨度较长，而且版别很多，这也是其他银元所不能攀比的。若银元的收藏爱好者能集齐所有的版别，也是很值得的。

（1）光绪一元、五角、二角、一角

光绪三十三年（1907）由奉天造币厂所铸造的银元。该币共有四种币值，分别是一元、五角、二角、一角。其中二角币，又有三种版别。

（2）宣统二角

小洋在东三省流通较广，所以其辅币铸造数量也不少。如宣统年间所铸造的二角币，有的正面花星不相同，有的背面西文不一样，具有明显

区别的可达八种之多。但是成色都不好，而且铸模较粗劣。只在北方各省流通使用。

26. 根据地银元

（1）民国三年改造版

该币是红色革命根据地所使用的银元。它是在民国三年袁像银元的基础上，铸上"苏维埃"三字而成的。

（2）列宁像一元

该币是从湖北省恩施县得来的银元。它虽然铸模极为粗劣，但所铸造的数量很少，称之为珍品。

（3）湖南苏维埃一元

1931年由湖南省苏维埃政府所铸造的一元银元。该币重七钱二分，成色不好。属稀贵品。

（4）一九三二年一元

1932年为红色革命根据地所使用的一元银元。该币重七钱二分，虽然银色不好，但是铸模相当清楚，属于珍品。

（5）工农银行一元

1932年为鄂豫皖三省工农银行所使用的一元银元。该币重七钱二分，银色不好。

（6）一九三二年俄文版一元

该币的正面上部铸有"一九三二年造"汉文，下部是俄文。

（7）"一九三三年"假币

据相关专家考证，该币是由钱商刁某于1945—1946年间伪造的。他是把一九三四年版根据地银元的"四"字改为"三"，不但将实心五星换成套星，而且稍微修改第二环的散珠线圈，重新摹刻铸版（详见成恩元著《川陕省苏维埃时期的银元》）。

（8）川陕省一九三四年一元

1934年由根据地所铸造的银元。该币重七钱二分，不但银色较好，而且所铸造的数量也很多，流通范围广。如果对该币币面的花纹、字画、五星等加以细致的区别，可达数十种之上（详见成恩元著《川陕省苏维埃时期的银元》）。

（9）一九三二、一九三三年二角

该币是川陕革命根据地所使用的两角辅币。它重一钱四分四厘，银色参差不齐。该币币面的花星图案若加以细致区别，可达数十种之上。

27. 纪念币

（1）香港银元

1840年，英国对中国发动了鸦片战争。1841年，英国和清政府签订了不平等条约《南京条约》，将香港岛割让给英国。之后英国又相继强占了九龙和新界，使香港沦为英国的殖民地。当时，香港所使用的货币，其种类较为繁多，如中国银元、墨西哥鹰洋、印度卢比、西班牙银元和英镑等。英国就把本国的币制移植到香港。1844年，英国政府就定本国的银元为香港通货。该币因为成色不好，不受人们欢迎。1864年，英国建立了香港造币厂。1866年，开始发行一种新币。该币共有五种币值，分别是五仙、一毫、二毫、半元和一元。只有铸英国女王像的银元才可以在香港流通，目的就是为了排斥当时盛行的墨西哥银元。因为该币的含银量要比墨币低，不受欢迎，所以该币也很快被英国政府停铸。1875年，英政府令孟买和加尔各答的造币厂铸造新币，即现在常见的站人洋元——香港一圆银元。该币的正面是英国女王维多利亚的侧面像，上部是英文"维多利亚"字样，下部是英文"女王"字样，用"工"形花环点缀在左右两边。背面的中间是蝙蝠形的花环，花环的上方有英文"壹圆"字样，左下方是英文"香港"字样，右下方是纪年。而花环内有"香港壹圆"字样。整个外圈为"工"字形花环。

中篇　种类特征

香港早期一圆银元（齿边）

香港早期一圆银元

359

（2）孙中山开国纪念币一元、二角、一角

孙中山是中国革命的先行者。早年为了推翻清政府腐朽的统治，孙中山积极投身到革命事业当中。辛亥革命的胜利，使中国存在两千多年的封建君主专制得以终结。1911年12月，孙中山在南京被推选为临时大总统。1912年1月3日，中华民国政府宣告成立，预示着中国进入一个新的时期。

民国初年，币制混乱不堪，用于流通的货币种类较为繁多，没有统一的钱币。1912年3月11日，临时政府财政部呈请孙中山铸行纪念银元，图案是大总统肖像。孙中山不但鼓铸纪念币，而且通令币面的新花纹"中间应绘五谷模型，取半岁足民之义，垂劝农务本之规"，并令财政部速制新模，然后让各省造币厂进行铸造。1925年，孙中山先生逝世。之后，又铸造了许多孙像银元，如"孙像民国十五年一圆银元""孙像民国十八年银元""孙像民国十八年地球双旗银元""孙像民国十八年帆船图案样币""孙像民国十八年帆船一圆样币""孙像民国十八年一圆样币""孙像民国十八年二十一年金本位币银样""孙像民国二十一年一圆银元""孙像民国帆船图案一圆银元""孙像民国二十五年古布图案银元"等，寄予人们对伟大革命先行者的无限的思念和爱戴。

孙像银元的正面都是孙中山先生的头像，一方面突显出孙中山光辉形象，另一方面缅怀伟大革命先行者的丰功伟绩。除了大量铸造并用于流通的银元，如"孙像开国纪念币""孙像民国二十二年一圆银元""孙像民国二十三年一圆银元"外，还有很多带有纪念性质的银元

或代铸币，这些银元所铸造的数量较少，也极为珍贵。通常都是以万元作为这些银元的计算单位，有的银元身价可高达几十万元之上，而这对于银元收藏爱好者来说可望而不可及。

民国元年（1912）一月一日，孙中山就任中国民国临时大总统。由南京造币厂负责铸造开国纪念币。该币共有三种币值，分别是一元、二角、一角。其中二角币的币面没有币值，一角币所铸造的数量相当少，可能没有用于流通。

中华民国（孙中山像）开国纪念币
直径39毫米 重量26.7克

（3）民国纪念二角币

民国初期由福建造币厂所铸造的银元。该币的银色不好，背面西文的错误较多，但是所铸造的数量极少，堪称稀品。

（4）黎元洪开国纪念币壹元

民国元年（1912）由武昌造币厂为当时民国的副总统黎元洪所铸造的开国纪念币。该币共有三种版别：第一种，身穿军装免冠的一元币；第二种，头戴军帽的一元币；第三种，图像和第二种相似，但背面将"OF"误为"OE"的错版一元币。该币流于市面的很少，所以也为罕见品。

（5）共和纪念壹元

民国元年（1912）二月由天津造币厂为民国总统袁世凯所铸造的共和纪念币。该币的初版，在袁像左肩上有制版人L.Giorgi的签字，所铸造的数量较少，也就没有用于流通。之后，所铸造的普通版，无制版人签字的银元数量较多。

袁世凯像共和纪念币
直径39.3毫米 重量26.7克

袁世凯像飞龙洪宪纪念币
直径39.7毫米 重量26.8克

袁世凯袁像共和纪念币
直径39.3毫米 重量26.7克

（6）洪宪纪元币

民国四年（1915）十二月二日，袁世凯称帝，次年就改元为洪宪，并铸洪宪纪元币。该币也是由乔治（L. Giorgi）负责制版，共铸有两种，分别是签字版和无签字版。另外，此币还有一种未经修版的"巨型"币。

（7）仁寿同登纪念币

民国七年（1918）十月十日，徐世昌就任大总统，十年（1921）九月，铸造仁寿同登纪念币。该币的正面是徐世昌的像；背面是园景，下部铸有"纪念币"三字。而另一种就没有"纪念币"三个字。该币制作精细、美观。

（8）曹锟总统纪念币

民国十二年（1923）十二月十日，曹锟就任民国大总统。然后由天津造币厂所铸造曹氏戎装肖像纪念币。该币铸造的数量极少，极其珍贵。

（9）宪法成立纪念币

民国十二年（1923），北京政府颁布民国宪法。然后就由天津造币厂铸造宪法成立纪念币。当时只作为赠送议员的纪念品，不作为货币用于流通。

（10）和平纪念一元币

民国十三年（1924）十一月二十四日，段祺瑞进入北京，开始主持北京政府的日常工作。然后由天津造币厂铸造和平纪念币。因为所铸造的数量极小，所以显得尤为珍贵。

段祺瑞执政纪念币
直径39.1毫米　重量26.9克

（11）民国十六年开国纪念版

民国十六年（1927），中国国民党在南京成立国民政府。然后由南京造币厂铸孙中山像新币。该币的正面和民国元年"孙像开国纪念币"图案一样，而背面英文完全改换。此币的重量为七钱二分，成色八九。国民政府把它作为暂时的民国国币，俗称"南京版"，其流通最广。另外，该币还有两种错版：第一种，将币面的西文BIRTH误铸为RIBTH；第二种，将币面西文BIRTH之"T"字倒置。

（12）十七年开国纪念壹元新币

民国十七年（1928）由天津造币厂所铸造的孙总理纪念币。该币的正面的图案和民国十六年银元一样，而不同之处就是背面的英文要比它小些，其花星也有所差异，市面称为"天津版"。此币和民国十六年银元的重量、成色大体上相同。

（13）民国十六年总理纪念二角币、一角币

民国十六年（1927）由福建省所铸造的孙总理纪念币。用于缅怀孙中山的丰功伟绩。该币共有两种币值，分别是二角和一角。其中二角币的币面又有孙中山的正面像和孙中山的侧面像两种。

民国十六年总理纪念币
直径23.1毫米　重量5.4克

民国十六年总理纪念币
直径23.1毫米 重量5.4克

（14）民国十六年入闽纪念币二毫

民国十六年（1927）由福建漳州所铸造的二毫纪念辅币。用于纪念革命军东路总指挥入闽。该币所铸造的数量相当的少，属于稀品。

（15）民国十六年北伐胜利纪念币二毫

民国十六年（1927），为庆祝将要胜利的北伐战争，由福建省所铸造的银元。该币所铸造的数量比前币要多，但亦属于稀品。

（16）黄花岗纪念币

民国十六年（1927），福建省为追念黄花岗起义烈士，就铸有七十二烈士殉难纪念币。该币共有六种，分别为民国十七年二角、一角币，民国二十年二角、一角币，民国二十一年二角、一角币。

黄花冈纪念币

黄花冈纪念币

（17）民国二十五年宪政纪念币试样

民国二十五年（1936）所铸造的纪念币白铜试样。系国民党为了召开制宪会议而铸造的。该币的币面是蒋介石像，未作为货币正式流通，仅用于赠予议员。

（18）湖南省宪成立纪念币

民国十一年（1922）一月一日在湖南省所铸造的纪念币。当时为了纪念湖南省长赵恒惕公布湖南省宪法而铸造。该币的银色较好，重为库平七钱二分，在湖南曾当一元流通。

湖南省宪成立纪念币
直径38.9毫米 重量26.7克

（19）张作霖入关纪念币试样

民国十四年（1925），伟大的革命先行者孙中山先生去世。之后，中国又陷入各派军阀相互混战的局面，奉直军阀联合打败国民军，推翻段祺瑞政府。民国十五年（1926）四月，奉系军阀张作霖入关，天津造币厂为此铸造了纪念币。该币正面是张作霖像，背面是配用洪宪飞龙模所铸的试版。迄今为止为仅见品。

（20）张作霖入关纪念币

该币的正面和前币相同，而背面则重新设计了制版。流存于世的仅一二枚，所以尤为珍贵。

（21）民国十五年大元帅纪念币

张作霖入关后，自称陆海军大元帅。此币也是由天津造币厂所铸造的，而且所铸造的数量也较少。

张作霖大元帅纪念币
直径39毫米 重量26.8克

（22）民国十六年纪念币

铸造此币的历史原因和前币一样，而且所铸造的数量最少。

（23）民国十七年大元帅纪念币

铸造此币的历史原因同于前两种银元，但是该币的正面改为便装像，背面的图案也更易。但所铸造的数量要比前两种略多些。

（24）民国十六年褚玉朴纪念币

民国十六年（1927）四月，为纪念褚玉朴任直隶督军一周年，由天津造币厂所铸造的纪念币。该币是褚氏赠礼所用，也没有作为货币用于流通。

（25）唐继尧纪念币

民国四年（1915），袁世凯称帝。这引起全国人民的唾弃和指责，不久，蔡锷在云南起义，滇督唐继尧拥护共和，举起讨袁的旗帜，并通电反袁。该币系袁氏称帝美梦破碎后，由云南造币厂所铸造的纪念币。该币的图案有两种，分别是唐氏正面像和唐氏侧面像，重库平三钱六分，俗称"唐半开"。

（26）民国九年倪嗣冲纪念币

民国九年（1920），由安庆造币厂所铸造的安徽督军倪嗣冲纪念币。该币属于赠送品，未作为货币用于流通。

云南唐纪尧共和纪念币

云南唐纪尧共和纪念金币

云南唐纪尧共和纪念币
直径33.3毫米　重量13.4克

军务院抚军长唐纪念币

军务院抚军长唐纪念币

安徽督军倪嗣冲纪念币（章）
　　直径38毫米　重量26.5克

安徽督军倪嗣冲纪念币
　　直径37.8毫米　重量27.0克　3级

下篇 收藏投资

银元以它精美的外表和丰富的内涵吸引了越来越多的爱好者和收藏者,但是假银元的泛滥和交易上的陷阱却使许多银元爱好者和收藏者驻足不前,不敢问津,因为上当受骗的沮丧和昂贵的学费时常阻挠人们进入银元收藏的行列。因此掌握银元的辨识、收藏要点和交易技巧显得十分必要。

近年来,随着集币爱好者的不断增多,旧银元的造假活动越来越猖獗,造假手段也越来越高明,初涉银元集藏领域的人上当受骗在所难免,就是一些有经验的集藏者一不留神,也会付出昂贵的学费。然而,假的终究是假的,不可能伪装得天衣无缝,只要了解和掌握一些造假的手法,就可以尽量避免上当受骗。

第七章
银元市场现状

　　时过境迁。旧时纷乱的社会，人们曾以银元作为其玩物，亦作为他们社会身份的标志，也体现不出什么价值。现在银元的市场呈火热走势，而那渐已沉默的银元，却成为越来越多的人们关注和追寻的对象，而银元的流通数量不是很多，所以其身价也是数倍增加。

一　旧银元的价值

　　第一，每枚旧的银元都是一件珍贵的艺术品。因为旧的银元不但制作精细、美观，而且币面上镌刻娟秀的文字，不仅带给人们视觉上的美感，而且让人更多地感受到书法大家的书法风格。银元图案的设计也是别具一格，不仅体现当时铸造银元的工艺精湛，也突出特定时代的特色，每个图案似乎述说着每个历史故事，使人过目难忘。

　　第二，每枚旧的银元都反映了特定历史时期的社会状况。它是社会发展的产物，从它的铸造原因和流通于市面的情况，我们可以了解到当时社会的政治经济和文化概况，从某一层面来说，它是特定历史时期的社会反映。

第三，旧的银元存世量很少。在历史上，铜币和纸币的数量都要比银元的数量多，而且在银元用于流通的历史时期，一般只有官宦和商贾富人拥有银元，广大百姓是很难得到银元的。当时战乱频繁，社会不稳定，好多银元都被销毁。新中国成立后大量银元予以兑换，再加上有的人把银元销毁，加工成装饰品。使本来为数不多的银元更少了，有的品种已经绝迹。所以，存于世的旧银元就显得尤为珍贵。

第四，旧的银元自身具有价值。旧的银元含有较多的白银，而白银本身就是贵金属，它的身价是铜币和纸币所不能相及的，而且具有很高的经济价值。

第五，我国一些地方风俗习惯的特殊需要。这点从民间的一些风俗习惯中可以得到证实。

从以上五点，我们可以了解到旧的银元具有很高的收藏价值。人们除了感受这些艺术品带给他们视觉上的美感和精神享受外，也不得不考虑金钱的投入，也会考虑到收藏这些旧银元会给他们带来怎样的效益，所以就得对旧银元的升值空间细细研究一番。

一、目前，旧银元的价格较低。旧银元具有较高的收藏价值，一方面是它的现存世量不多，而且它本身是含量较高的白银贵金属；另一方面，目前在钱币市场上或是民间交换时价格都不是很高，有的一枚经历几十年甚至于上百年的银毫，其制作相当精细、美观，也只需要十几元钱，还不如一枚刚发行的流通纪念币的价位。可见旧的银元的价值和价格的差距甚大，但从另一角度讲，也为旧的银元的投资和收藏提供了较大的升值空间。

民国三年袁世凯像银元
　直径39毫米　重量27克

中华民国孙中山像开国纪念币
　直径39毫米　重量26.7克

中华民国（孙中山像）开国纪念币
　　直径39毫米　重量26.7克

中华民国（孙中山像）开国纪念币
　　直径39毫米　重量26.9克

中华民国孙中山像开国纪念币
直径39.7毫米　重量26.8克

　　二、旧银元的价位呈稳中上升的态势。近几年来，旧银元的价格较平稳，上升的幅度不是特别大。它不像现代的一些钱币价格涨跌那么的大，而且被一些人狂热地炒作后，人们就更难去掌控其价位。而旧的银元不存在这点。它是根据市场正常规律调整其价位，总体上是呈稳中上升的态势，这也和市场的供需关系的变化是一致的。

　　三、旧银元的收藏和投资逐渐成为热门。前十几年，收藏旧钱币的人很少，当时人们的收藏意识不强。近些年来，随着人们生活水平的提高，经济收入的不断增加，旧银元的收藏队伍不断壮大。而人们收藏旧银元的目的也是不尽相同，有的把它作为艺术品，享受它那份独特的美感；有的收藏旧银元，就是为了它能带来更多的升值空间；有的出于历史方面的研究，想从它的身上了解更多当时社会的状况；等等。因为旧银元的收藏领域较小，而且其数量也不多，所以旧银元的收藏者逐渐增多也是情理之中的事情。我们从"钱币天堂"网站："机制银元"论坛的投票调查中了解到，全国大约有十万人专门收藏银元。

二　旧银元的价格

旧银元价位的高低是由它的珍稀程度来决定的。如价位高的旧银元，主要表现在这几点：现存世量极少，制作精细、美观，铸造的历史背景不同寻常；而价位低的银元是因为现存量较多、曾作为大量流通的货币。也有些高档的银元，价位之高使人难以想象，如已成为孤品的清代光绪二十九年由奉天铸造"奉天癸卯光绪元宝库平银一两"银元，流失海外。1991年6月，该币在美国加州一次拍卖会上被一位爱国华侨以18.7万美元买下，成为最高身价的旧银元。1997年，在国内的一次钱币拍卖会上，民国十八年由天津造币厂所铸造的"孙中山像民国十八年地球双旗壹圆"银元，最后以55万元的高价成交。

一些中档旧银元的价格也不低，通常在几千元左右，而且其价位一直呈稳中上升的态势。清代的一些银锭，如光绪年间由奉天机器局所铸造的"大清光绪二十四年壹圆""大清光绪二十五年壹圆"银元，江南省造"光绪元宝库平七钱二分"（俗称"老江南"）银元，东三省造的"东三省光绪元宝库平七钱二分"银元，民国时期造"孙像民国二十一年库平七钱二分"（俗称"三鸟币"）银元，等等。也有在钱币市场上随处可见的一些价格较低的旧的银元，而且价位的变化不是很大，如民国期间的"袁大头""孙像开国纪念币"，外国的墨西哥鹰洋等旧银元。

江南省造（庚子）光绪元宝库平七钱二分银元
　　直径39.7毫米　重量26.8克

江南省造（庚子）光绪元宝库平七钱二分银元
　　直径39.5毫米　重量27克

江南省造（戊戌）光绪元宝库平七钱二分银元
　　直径39.4克　重量26.9克

江南省造（辛丑）光绪元宝库平七钱二分银元
　　直径39.8毫米　重量26.8克

江南省造（辛丑）光绪元宝库平七钱二分银元
　　直径39.4毫米　重量26.9克

江南省造（辛丑）光绪元宝库平七钱二分银元
　　直径39.7毫米　重量27.1克

江南省造（辛丑）光绪元宝库平七钱二分银元
　　直径39.7毫米　重量27.1克

江南省造（辛丑）光绪元宝库平七钱二分银元
　　直径39.7毫米　重量27.1克

四川省造光绪元宝库平七钱二分银元
直径39.7毫米 重量26.6克

江南省造（戊戌）光绪元宝库平七钱二分银元
　　直径39.8毫米　重量26.8克

四川省造光绪元宝库平七钱二分银元
　　直径39.7毫米　重量27克

第八章
银元收藏要点与保养技巧

一 银元收藏要点

随着人们生活水平的提高，经济收入的不断增加，银元的收藏队伍逐渐壮大。在这支队伍当中，收藏者的目的各不相同。有的注重收藏，不懂得研究；有的注重数量，忽略其质量；有的注重其升值空间，不懂得欣赏等。其实，这些做法和想法都是银元收藏者的大忌。作为银元收藏者，应该遵循以下要点：

1. 循序渐进，先易后难

作为银元收藏领域的新人，不可急于求成。想收集到所有的银元，这是不切实际的。所以，一般的收藏者要有选择地进行收藏：一、可以按银元的档次进行收藏，从收藏最低档次的品种逐渐到收藏中高档品种；二、按专题进行收藏，之后向系统方向发展；三、从一种品种银元开始收藏；四、从一个地区的银元开始收藏；五、从同一种图案的银元开始收藏；六、从同一个主题的银元开始收藏。这样，日积月累，银元的收藏品才会多起来。

民国三十八年台湾省图银元

台湾笔宝银饼
　　直径40毫米　重量26.7克

2. 讲求质量，注意品相

通常来讲，较为珍稀的银元是众多收藏者苦苦追寻的对象，而人们对于银元品相方面却不是那么看重。其实，收藏时银元的品相是非常重要的。

银元的品相就跟人的外在形象差不多，一个人懂得或不懂得修饰自己，给予别人的印象差距是很大的。而银元品相的好与差，可直接影响到银元本身价位的高低和整个收藏品的美观，如一个普通、品相好的银元，其价位必然要高；一个珍稀、品相差的银元，其价格也会随之大打折扣。所以，根据自己实际情况，应尽可能地选择好品相的银元，才能物有所值。

四川省造光绪元宝库平七钱二分银元

四川省造光绪元宝库平七钱二分银元

3. 既重收藏，又重研究

很多的银元收藏者，以所收藏到的银元品种全、数量多而作为炫耀资本，但他们很少对自己所收藏的银元进行研究和探讨，使其成为毫无生气的堆积。这其实是一种资源的浪费。通常情况来说，银元收藏的最初阶段，讲求数量多、种类多。之后，就要不断地深入去研究这些银元，发掘它们内在的一些东西，如每枚银元所铸造的历史背景，从它们的身上可以更深刻地了解到当时社会的文化氛围等等。这才是收藏的意义所在。它使你在享受无穷的乐趣的同时，学习到更多的知识，又能使所收藏银元的档次提高，何乐而不为？

银元收藏与鉴赏

喀什造大清银元

台湾如意银饼
直径40毫米 重26克

孙中山像无纪年一元银元

四川省造光绪元宝库平一钱四分四厘银元
　　直径23.5毫米　重5.3克

4. 追求效益，善于交流

专门收藏银元的人，他们的同一个心理就是以最低的成本收藏到较好的藏品，使其收藏品有较大的升值空间，从而获得更多的收益，这点是无可置疑的。而收藏者在收藏时就要掌握一些技巧，一方面，因为一些银元的铸造和流通受到地域的限制，若善于和各地的银元收藏者进行交流和探讨，就可以轻而易举地得到这些银元，使收藏银元的成本大大降低；另一方面，通过交流和探讨，不但丰富了自己的收藏，学习更多相关的知识，而且还可以结识更多的同好。

四川省造光绪元宝库平一钱四分四厘银元
　　直径23.5毫米　重量5.3克

四川省造光绪元宝库平七钱二分银元
　　直径39.7毫米　重量27克

日本明治三年一元银元

日本明治四年五十钱银元　　　　　　　　光绪元宝（背面）

5. 持之以恒，终有所成

　　对于银元的收藏，不能靠一时的热情，五分钟的热度。它是一种日积月累的不间断活动。作为收藏者，就应该有一种持之以恒、锲而不舍的精神，千万不可半途而废，回看那些有成就的收藏家的收藏史，都是花费了自己几十年甚至是一生的时间。

江南省造（辛丑）光绪元宝库平一钱四分四厘银元
　　直径23.4毫米　重量5.3克

江南省造（辛丑）光绪元宝库平一钱四分四厘银元
　　直径23.4毫米　重量5.3克

江南省造（辛丑）光绪元宝库平一钱四分四厘银元
　　直径39.8毫米　重量26.4克

江南省造（壬寅）光绪元宝库平七钱二分银元
　　直径39.7毫米　重量27克

民国九年鄂造袁像二角银元
　　直径23.6毫米　重量5.6克

江南省造（壬寅）光绪元宝库平七钱二分银元
直径39.8毫米　重量26.4克

二　银元的保养技巧

1. 银元的清洗和除锈

　　传统上银元的清洗和除锈的方法一样，一般是采用弱酸，而使用白醋的效果要好些。如果银元的币面发黑或是银元氧化层锈蚀过重，就需要清洗。清洗银元时，所浸泡的时间长短是根据银元锈蚀的程度、锈迹的多少而定的。浸泡之后，用柔软的刷子轻轻地洗刷，通常情况下锈迹污渍都会被除去。

用软刷无法把银元上那些黏结牢固的附着物除去时，就用木锥顺着银元图案文字边缘轻轻剔除，直到干净为止。忌用金属、骨等坚硬物质，避免划伤银元表面，使银元的品相降低。

除锈的时候，不可用牙膏等研磨剂，尽可能地保持银元原来的包浆。而对于一些轻微锈蚀的不影响品相的银元，最好连弱酸也不用。目前，好多银元的收藏者对此认识尚浅，甚至将自己所收藏的银元洗得像新发行的一般。不知，这种做法不但没有达到想要的那种效果，反而损害了银元先前的那种温润典雅之美，其价值差不多也被"洗白"了。

2. 银元的保养

银元的保养主要表现在两个方面：第一，要防潮，避免银元表面氧化过快；第二，防磨损，避免破坏了银元的品相，使其价值降低。现在保养机铸银元的通常做法是：首先用面巾纸把银元包好，然后再放入盒子装起来，既防潮湿，又防碰撞划伤。市场上有专门卖这种存放银元的盒子，一个透明塑料的大约就几十元。

另外，还要经常性地对存放好的银元进行检查，以防有意外的损伤。

第九章
银元的收藏与投资

银元对我国古代及近代的经济发展起着举足轻重的作用，其影响极为深远。银最早在我国商品交换中充当一般等价物是在3000多年前的殷商时期，那个时候就已出现了银贝、银空首布等。银作为流通的货币，见证了中国的奴隶社会、封建社会的历史更替。银的形式也是多样化的，有银锭、银钱、银饼、银铤等样式。同时，各种各样的银器，有时也可作为货币使用。直到中华人民共和国成立后，中国人民银行限期收兑全部银元，银元的流通使用才终止。银属于贵金属，具有较高的经济价值，是仅次于金的货币材料。随着时间的推移，这些银元逐渐成为越来越多的银元收藏家所追寻的对象。

一　银元收藏投资特点

从17世纪起，墨西哥的鹰洋、西班牙的本洋、日本的龙洋、法国的安南银元、英国的站人洋开始流入我国。之后，银元开始在我国流通，但其流通的历史不长。总而言之，银元收藏投资有以下特点：

1. 价格上扬

20世纪80年代后,中国收藏市场掀起了集币的热潮,之后渐而转移到各种制作精细、图案美观的机铸银元上。

江南省造(庚子)光绪元宝库平七钱二分银元
　直径39.5毫米　重量27克

江南省造(辛丑)光绪元宝库平七钱二分银元
　直径39.4毫米　重量26.9克

四川省造光绪元宝库平七钱二分银元

直径39.7毫米 重量27克

四川省造光绪元宝库平七钱二分银元
　　直径39.7毫米　重量26.6克

四川省造光绪元宝库平七钱二分银元
　　直径39.7毫米　重量27克

四川省造光绪元宝库平七钱二分银元
　　直径33.3毫米　重量13.4克

江南省造（己亥）光绪元宝库平三分六厘银元
　　直径23.5毫米　重量5.5克

江南省造（己亥）光绪元宝库平一钱四分四厘银元
　　直径18.8毫米　重量2.6克

江南省造（己亥）光绪元宝库平七分二厘银元
　　直径23.4毫米　重量5.3克

近些年来，全国各地的银元收藏队伍不断壮大，而银元的收藏也渐成热门。银元之所以这么地受追捧，是因为它有保值、可供欣赏及研究等特点：

首先，银元可以保值。白银是稀有金属，本身具有较高的经济价值。如"袁大头"一元银元，在20世纪70年代以前银行的收购价格是1∶1，而现在的银行收购价格却是每枚31.6元，该数字是相当地惊人。在目前国内市场上，银元价格总体呈稳中上升的态势，而且要比同时期的物价上升指数高。近些年来，有些存世较少的银元的价格一路狂飙。也有许多版别的银元的价格成倍上涨，如四川卢比、唐继尧像正面三钱六分银元、广东省造光绪元宝七钱二分银元，宣统三年大清银元七钱二分等。其次，银元欣赏价值。银元铸造工艺精湛，材质好，而且其版别很多，它们具有浓郁的特定时期的特色。闲暇之余，去欣赏这些银元，不仅能给予人们视觉上的享受，也使人精神上得到慰藉，每枚银元似乎述说了一个历史故事，把人们带入那段遥不可及的历史中。因此，这些银元备受中国港台地区及日本、欧美钱币收藏者的喜爱。第三，银元具有研究价值。从现在的角度来看，银元不仅仅是当时商品交换所使用的货币，还是一个国家的社会反映。我们可以从一枚古代的银元中，了解到当时这个国家（朝代）的政治、经济、文化、冶炼业、美术等发展的状况，是研究那段历史的不可多得的实物，也为研究各国货币提供了有力的物证。

在海外和中国港台地区，中国的银元是备受青睐的。如1991年，在美国加州华丽山庄世界钱币拍卖会上，由奉天省铸造的"光绪元宝一两银元"最后竟以18.7万美元的价格成交。1994年6月，在香港的钱币拍卖会上，如"北洋省造光绪元宝库平一两"银元，其身价为3万美元；"吉林戊申光绪元宝库平七钱二分"银元，其身价达1.3万美元。

2. 前景看好

近些年来，我国的银元市场发展相当快，而且潜力也特别大，如上海、福州、广州、北京、西安等地方银元市场的发展就有力地证明了这一点。银元的收藏之所以呈现火热态势，据相关的专业人士介绍，主要有以下方面原因：

第一，我国民间一直以来就有收藏银元的习俗。一般情况下，拥有银元的人们很少拿出来卖或者到银行兑换，他们只是把它们看成贵重金属，加工成首饰或者其他的装饰品等。这样使本来为数不多的银元的数量更少了。而民间收藏的数量不一，少的拥有数枚，多的可达成百上千枚。

第二，社会稳定，人们生活水平提高。自从改革开放之后，我国发生了翻天覆地的变化，人们的生活水平有了很大的改善，口袋里渐渐富裕起来。很多人就开始寻觅做些投资的项目，而银元的投资没有风险、难度小、升值空间大，可以说是一本万利的收益。

第三，收藏队伍不断壮大，供需矛盾较为突出。随着人们生活水平不断提高，越来越多的人把情趣和爱好转移到旧银元上来，用于收藏、欣赏等。像在我国各种收藏者有上百万人，而且每年收藏者的数量都在成倍增加；但相较现存世的银元数量和收藏者人数，只能是僧多粥少，有价无货。

第四，旧银元价位为大多数人们所接受，旧银元市场潜力较大。就目前的钱币市场来看，一枚普通龙洋的价格大约为400元，而金币价位却在2万左右，买一枚金币的钱可以购买到20枚品相好的银元，用于收藏、欣赏等。旧银元收益颇丰。

江南省造（辛丑）光绪元宝库平一钱四分四厘银元
直径23.4毫米　重量5.3克

江南省造（辛丑）光绪元宝库平一钱四分四厘银元
直径23.5毫米　重量5.5克

江南省造（辛丑）光绪元宝库平一钱四分四厘银元
　　直径23.4毫米　重量5.3克

江南省造（辛丑）光绪元宝库平一钱四分四厘银元
　　直径23.6毫米　重量5.4克

二　外国银元的收藏投资

外国银元在中国流通，已有200多年的历史。其种类可达数十种。清朝末年，中国货币中外国银元所占的比例为43.33%。近代中国，在中国的市场上用于流通的外国银元，最少有15个国家近百种银元，最具代表性的有以下几种：

1. 双柱（本洋）

本洋是我国流通量较多的外国银元，发行于1775－1809年，大约发行了27种。该币的重量为27.07克，成色为90.3%。在我国，该币流入市面的数量很多，市场价也不高，通常情况下100元左右就可以买到一枚，而且各年号的价格差异较小。

除了西班牙双柱外，用于流通的外国货币中，还有墨西哥双柱、智利双柱、秘鲁双柱、玻利维亚双柱、哥伦比亚双柱。

（1）墨西哥双柱

该币发行于1808－1811年，其种类共有4种，其图案、重量和成色与西班牙双柱一样，而且市面上的价位也都一致。其中只有一枚1808年的墨西哥双柱市价高于其他所有双柱，市价大约是200元左右。

（2）智利双柱

该币发行于1801－1808年，共发行了8个年号。其重量为27.07

克，成色为90.3%，市价平均在数百元至千元不等。

（3）秘鲁双柱

该币发行于1801—1808年，共发行8个年号。其重量为25克，成色为90.3%，市价在100至200元之间。

（4）玻利维亚双柱

该币发行于1801—1808年，共发行了8个年号。其重量为27.07克，成色为89.6%，市价在100元左右。

（5）哥伦比亚双柱

又称为"南美双柱"。该币发行于1801—1808年，共发行了8个年号。该币的重量为27.07克，成色为89.6%。它的市价要高于其他双柱，都在几千元左右，而全品相的有的可达万元。

2. 鹰洋

近代中国，在众多流入我国的外国银元中，数量最多的当属墨西哥鹰洋。它还曾一度作为中国的本位币，其市价不统一，呈南高北低走势。尤其在英国的势力范围内，墨西哥鹰洋的流通是相当广泛的。

1914年底，"袁大头"银元的发行，不但削弱了墨西哥鹰洋在中国的地位，并逐渐取而代之。1919年底，北洋政府取消了墨西哥鹰洋在中国的流通。

现在我们所见到的大部分鹰洋是1825年以后至1904年期间铸造

的。鹰洋的数量不但多，而且它的年号版别堪称世界之最，同年号的往往有很多版别，而版别的识别通常根据年号后的字母，分别有DLAM、ML、MR、GR、MM、JC、JM、GR、AV、CE、RL、CP、PE、JP、FS、JG、JS、PF、JJ等数十种之多，两个字母后都有一个小点。

虽然鹰洋的版别较多，但它们的重量都是27.07克，成色均为90.3%。由于鹰洋在中国存世量较多，其市价也不高，一枚大约在几十元左右。其中有一些发行量少或是存世量少的珍罕品种，如1864PG、1831MR、1839GR、1847CE、1830LF、1870C等，全品相市价都在数千元一枚。

3. 站洋

1900年后,英国站洋开始渐入我国的南方地区。至1918年后，该币逐渐退出中国的流通市场。

英国站洋，发行于1895—1935年，共有23个年号，该币的龙头不是1895年的，而是1921年的，其市价在5000左右。此币的重量为26.95克，成色为90%。英国站洋的市价大约在几十元至几千元之间，如1834年、1896年、1895年、1904年、1913年的，市价就在200元到数百元间；1935年的，市价在1500元左右；其他的市价在几十元和数百元间，价格差距不大。

4. 龙番

日本龙洋流入中国时间较晚，主要在我国的福建和东北三省地区流通。

龙洋的品种较多，有五钱、十钱、二十钱、五十钱、一圆五种。每种币值又有很多年号，有的年号多，有的年号少，但都始铸于1870年，具体如下：

五钱的龙番，发行于1870—1892年。该币的年号最少，约有11个年号。此币的重量为1.25克，成色为80%。其市价约在几十元和数百元间，只有1880年号的和1892年号的市价偏高。

十钱的龙番，发行于1870—1917年，约有37个年号。该币按重量和成色划分，可以分为两种，如1904年前的重量均为2.7克，成色为80%；1905年后的均为2.25克，成色为72%。根据该币的成色和重量的不同，其市价也有所差别，如1904年前的龙番的市价在几十元和数百元间；1905年后的龙番的市价仅为几元到数十元。其中1880年号的较高。除此之外，其他市价较高的依次还有1870年、1901年、1888年、1902年的。

二十钱的龙番，发行于1870—1912年，约有30个年号。该币的成色都为80%，而重量有3种，其中1870年的和1871年的重量为5克；1873年的和1906年的重量为5.39克；1907年的和1912年的重量为4.05克。龙番的市场价不高，其中1912年的在数十元和百元间。

五十钱的龙番，发行于1870—1938年间。该币的成色有2种，重量有3种，即1916年前的成色为80%，之后成色为72%；1905年前的重量为13.48克，1906-1917年的重量为10.13克，1922年后的重量为4.95克。五十钱的龙番的市价呈前高后低的状况。其中，市价较高的有1874年、1876年、1877年、1880年的；1885年的在数百元和千元间；1902年、1870年、1871年、1903年、1901年、1873年的全品相都在500元以上，而其他年号的市价在数十元到几百元间，1916年以后的市价为十元到数十元不等。

一圆的龙番，该币的成色为90%左右，重量均为26.96克，其中1875年、1876年、1877年3枚贸易银的重量为27.22克。一圆龙番的市价要比其他龙番高很多，如1875年的，市价高达数万元；与此等价的还有一种重量为27克左右、成色在86.2%~88.6%间的"改三分定银"银元和1874年的。市价在1000~6000元间的有1870年的3种和1879年的1种，3枚贸易银元市价在1000~3000元之间。其他的市价为50元到数百元不等。

5. 座像

该币是印度支那银元的俗称，共有10分银、20分银、50分银和一圆四种币值。

10分银，发行于1885—1931年，共发行了约37个年号。该币的重量大约为2.7克，如早期的7枚重量为2.721克，1920年的重量为3克，成色为40%。而其成色不一，它是依年号的先后分别为90%、83%、68%不等。该币的市价相差甚大，如1921年、1929年、1930年的市价仅为几元，而1889年、1895年、1931年的市价可达几千元。

20分银，发行于1885—1937年，共发行了约24个年号。该币重量为5.4克，其中1920年的重量为6克，成色为40%。而其成色不一，如前期为90%，中期为83%，后期为68%。该币的市价大约在几十元和数百元间，相差较小。

50分银，发行于1885—1946年，共发行了约6个年号。该币的重量为13.6克,成色均为90%。此币的市价大约在几十元到几百元间，如1885年的市价为300元左右，1946年的仅为20多元。

一圆银，发行于1895—1928年间，共发行了约23个年号。该币重量均为27克，成色均为90%。此币的市价大约在几十元到数百元间，如1910年、1921年的市价在100多元到300元间。

6. 法国银元

在中国，有一种用于流通的法国银元是5法郎。该币的币面上是两位女神中间站一位大力士，币底是麦穗图案、法国国名和币值年号等；另一种是20法郎，该币的币面是女王头像。

5法郎的银元，发行于1870—1879年，发行了10枚。该币的市价大约在数百元左右，也有少量的在千元之上，如1878年和1879年的市价为数千元。

三 清代银元的收藏投资

1. 西藏银元

西藏银元在我国银元史上具有举足轻重的地位。早期的西藏银元的正面都有铸造年代的藏文字样，背面有吉祥如意的图案，并用星状纹围绕。后来尼泊尔的商人用较次的尼泊尔银元换去大量成色好的西藏银元，使西藏地区货币矛盾日益尖锐。到清乾隆年间，乾隆帝下令铸造"乾隆宝藏"，并在社会上广泛推行，用以抵制当时的尼泊尔银元。该币的正面是"乾隆宝藏"四个汉字，背面是藏译文字和云状花纹，中间并有仿制钱不穿孔方框。之后又出现各年号的银元，诸如"嘉庆宝藏""道光宝藏""咸丰宝藏""同治宝藏""宣统宝藏"，还有"甘丹颇章银元""觉阿尼西银元""川铸藏元""桑松郭母银元"等。

西藏银元主要的面值有五分、一钱、一钱五分、二钱、五钱、一两、一两五钱、三两、五两等。该币的重量不一，成色通常在70%～95%之间。此币的市价相差较大，如普通币的市价大约在几十元间，而较为好点的市价就在几十元和几百元间，有些珍罕品的市价则达千元之上。

2. 台湾银元

清道光十八年（1838），台湾省为了筹集军饷而铸造并用于发行的银元。其中，背面是宝鼎图案的寿星银饼较为珍罕，如优美品的市价可达千元，其重量为26克，其成色为96%。同治元年（1862）铸造并用于发行的寿星银饼，其背面有"军饷"和"足纹通行"汉字，现存量极少，其美品可达万元左右。而如意银饼和笔宝银饼的市价在千元到万元间。

光绪年间，台湾还铸造了三种币值的银元，分别是五分、一角和两角，其中较为珍罕的为两角和五分的银元，且市价较高。而好的一角银元的市价大约在百元左右。

3. 吉林银元

光绪十年（1884），由吉林省的吉林机器局所铸造的厂平银元。该币是我国第一套机制银元，其币值有一两、七钱、五钱、三钱、一钱等，除半两外，其余不多见。该币的市价相差甚大，如较为珍稀的一两银元，其市价已达万元。其他品种数量极少，所以其价格也较高。除了五分、一角、两角，其他币值的未使用的品种的市价在数千元左右。值得注意的是，吉林银元的仿铸品挺多。

4. 广东银元

近代中国，正式铸造并开始发行的新式银元在"广东钱局"筹建之后，由当时的两广总督张之洞负责。光绪十五年（1889），清政府不但通过使馆向英国购买造币机，而且还聘请了外国的技术师。

值得收藏投资者留意的是，广东省各个品种的银元的市价相差悬殊，如"寿字一两"银元、"三七反版一圆"银元、"七二反版一圆"银元、五角银元、一角银元等市价高达几千元到几万元。近些年，在我国嘉德拍卖中，"寿字一两"银元的身价高达数十万元。但广东银元中也有一部分的市价在几十元左右，如一圆的广东龙洋"光绪元宝库平七钱二分"和"宣统元宝库平七钱二分"，市价仅为几十元；而光绪十六年铸造的一角银元和五分银元，市价仅在十元左右。

在广东省银元中，较为贵重的银元的仿品也特别多。它们所采用的币材是成色80%~90%的纯铜，用全品相真币模制，简直和真币一样。

广东省造光绪元宝库平七钱二分银元
　　直径39毫米　重量26.8克

广东省造光绪元宝库平七钱二分银元
　　直径39毫米　重量26.8克

广东省造光绪元宝库平七钱二分银元
　　直径39毫米　重量26.8克

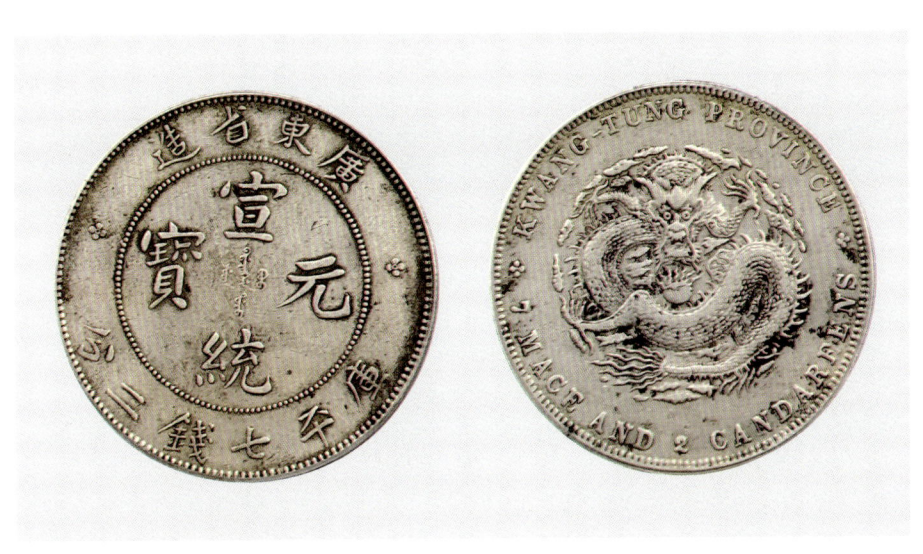

广东省造宣统元宝库平七钱二分银元
　　直径39毫米　重量26.8克

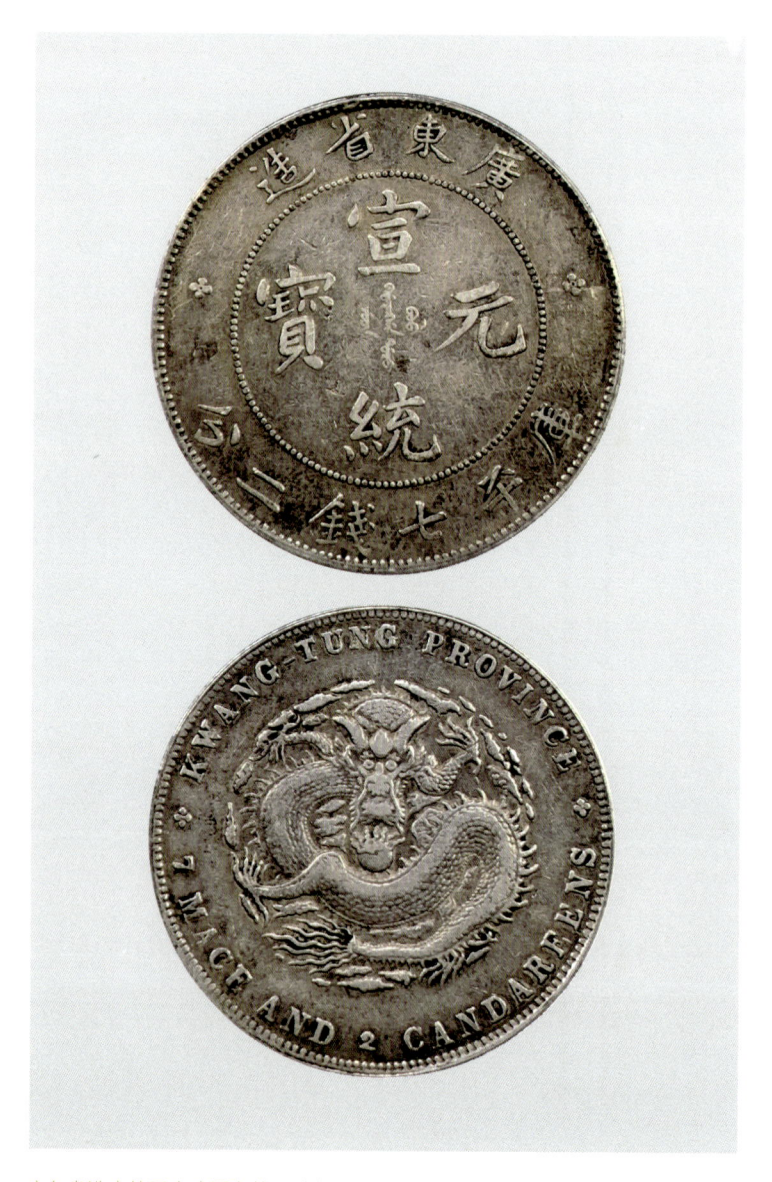

广东省造宣统元宝库平七钱二分银元
直径39毫米 重量26.8克

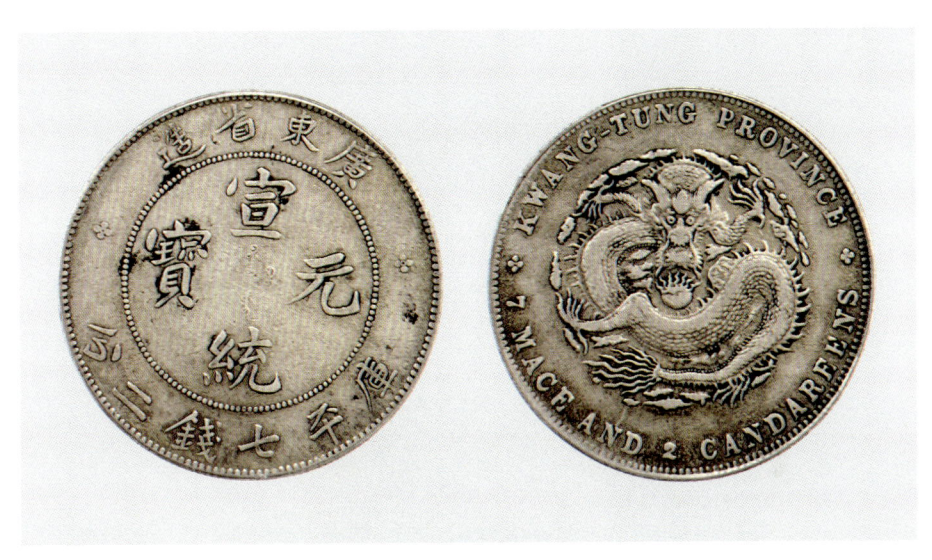

广东省造宣统元宝库平七钱二分银元
　　直径39毫米　重量26.8克

广东省造宣统元宝库平七钱二分银元
　　直径39毫米　重量26.8克

广东省造宣统元宝库平七钱二分银元
直径39毫米 重量26.8克

广东省造宣统元宝库平一钱四分四厘银元

广东省造宣统元宝库平一钱四分四厘银元

广东省造宣统元宝库平一钱四分四厘银元

广东省造宣统元宝库平七钱二分银元

5. 福建银元

福建漳州军饷银饼,因为该币的存世量极少,所以其价格也特高。它的市价大约在几千元到万元左右,甚至高于万元。

由福建官局所铸造的"光绪元宝库平七钱二分"银元,因为该币所铸造的数量较少,而且其价位也很高,所以该币成为钱币收藏投资者所追寻的对象。而五分、一角、两角银元,因为流入市面的数量较多,其市价在十元左右。

6. 上海银元

又称为"朱源裕监倾曹平银饼"。这些银元的成色均为98%。皆由银匠负责铸造,且手工痕迹较重,具有一定的欣赏价值。其市价高达千元。因此仿品也特别多。

7. 湖北省银元

1896年,湖北仿效广东省铸币模式开始造币。不久之后,由湖北银元局铸造的"湖北省造光绪元宝"开始发行。该币因为质量好,所以很快流通于社会,并大量流入外省,而且流通范围较为广泛。该币的市价不是很高,如一元和五角的普通银元的市价在百元左右,角币市价为数十元,五分币较之要高些,品相佳者市价为数百元。

湖北银元的版别较多。1904年试铸的"光绪三十年湖北省造大清银元库平一两",因为该币币面的"大清银元"四个字大小不同,所以又分为"大字版"和"小字板","大字版"的银元要比"小字板"的贵些,前者市价大约在几百元左右。

1905年,湖北又用1896年的旧范式重铸光绪元宝。该币的背面刻"本省"二字,目的就是限制该币只在本省使用。该币因为所铸的数量极少,所以市价较高,如一元币的市价在1万元到3万元间,两角币市价在几千元左右,一角币市价在千元左右。

1909年,湖北又利用光绪元宝的旧范式改铸宣统元宝。该币的市价不高,如一元的市价仅在百元左右,两角币的市价在几百元间,一角币市价要比一元币市价偏高些。

8. 北洋银元

北洋银元,发行于1896—1898年间,由北洋机器局(后改为"北洋银元局")铸造。该币的币值有一元、五角、两角、一角、半角五种。因为此币较早使用"一圆"纪值,版式上有所变化。它的市价较高,如1896年的因所铸造的数量较少,所以现在的市价一路狂飙,比前两年要高出出10—20倍,一元币和五角币的市价差不多都在几千元左右。

9. 户部银元

清代户部在天津筹建了造币总厂。1903年,户部开始铸造库平计重的银元并用于发行,币值有一两、五钱、两钱、一钱、五分五种。因为以"两"为单位的银元不能满足当时商品交换的需求，而且也不利于当时经济的发展，所以该套银元所铸造的数量较少，其中"一两"银元已成为珍稀品。该币的市价相差不大，大约在几百元到数千元间。

之后，户部还铸造并发行了"丙午"和"丁未"大清银元。这两套银元不但制作精细、图案美观，而且外缘环镌有水纹，这也是我国唯一有水纹的银元。这两套银元的市价较高，如1998年，在嘉德拍卖行拍出一枚户部"丁未"大清银元的一元样币，最后以高价成交。之后，这两套银元将两改为元、角，所铸造的数量较之第一套币要多，所以市价也低很多。

10. 造币总厂银元

1908年，由天津造币总厂所铸造的"造币总厂光绪元宝"套币正式发行。该套币的市价不高，大约在百元左右。

天津造币总厂还铸造"宣统年造大清银元"的套币并发行，该套币的币面上的"造币总厂"四个字改为纪值的满文，所以该套币比有"造币总厂"四个字的银元在市场上的价位要高些，其中两角五分币的市价大约在几千元左右。

由天津造币厂负责试铸的大清银元中，变化较多的就是一圆币面上的龙的图案，可分为长须龙、短须龙、反龙等，这三种银元不但制作精细、美观，而且其数量也极少，所以市价也极高，被誉为难得之珍品。由天津造币厂试铸的大清银元共有7个版式，除了前面提及的三种版式外，其他的4种版式是较为常见的，其市价均在几十元到几百元间。

下篇 收藏投资

造币总厂光绪元宝库平七钱二分银元
　　直径39.5毫米　重量26.8克

造币总厂光绪元宝库平七钱二分银元

造币总厂光绪元宝库平七钱二分银元

广东省造的"光绪元宝"发行之后，人们很快接受，而且该币流通范围相当广泛。其他省纷纷活跃起来，如湖北、江苏、直隶、浙江、四川等省开始设厂仿制。由于各省所铸的银元样式不一，成色、重量各不相同，而且在银元的币面上铸有各省的省名，这些因素限制了它们在全国的流通。虽然它们在当时对外国银元的侵入起到了一定的抵制作用，但是清政府的腐败无能，各省的各自为政，致使中国的货币制度一片混乱，不利于商品的流通，阻碍经济的发展。1910年，清政府颁布《币制则例》，规定"以元为单位，每枚银元七钱两分，成色为90%，含银量为六钱四分八厘"，用于统一全国币制。之后，清政府令各省停止铸币，把铸币权收归中央。1911年5月，清政府正式统一铸造大清银元，称为"国币"。

四　民国银元的收藏投资

民国时期，各派军阀为了各自的利益不断混战。因此，这一时期所铸造的银元的版别比大清银元要纷繁复杂的多。民国银元具体细分，可分为以下几个门类归出系列。

1. 孙中山系列银元

1912年，开始铸造的"中华民国开国纪念币"是民国银元的开始。

该币的正面是孙中山头像，其币值有一元、两角和一角三种。其中一元币的版本有数种，它们的市价相差甚大。不久之后，因为袁世凯称帝而被停止铸造。

所铸开国纪念币发行后，各种孙中山头像银元先后铸造并发行。其中有民国十六年孙总理纪念银元、民国十六年铸造的孙中山陵墓纪念银元（此币特邀意大利造币公司雕刻模具，制作精美，据传仅铸480枚，赠送有关名人，因此存世量稀少，市价在数千元间）、孙中山像甘肃省造银元、孙中山像四川银元、孙中山像广东银元、孙中山七分面地球银元、孙中山像帆船银元、孙中山像古布图银元、台湾民国三十八年孙中山像五角银元等，它们的市价都较高。

中华民国开国纪念币
直径39毫米 重量26.7克

中华民国开国纪念币
　　直径39.7毫米　重量26.8克

中华民国开国纪念币
直径39毫米　重量26.7克

中华民国开国纪念币
　　直径39毫米　重量26.7克

中华民国开国纪念币
　　直径39.6毫米　重量27克

中华民国开国纪念币
　　直径39毫米　重量26.8克

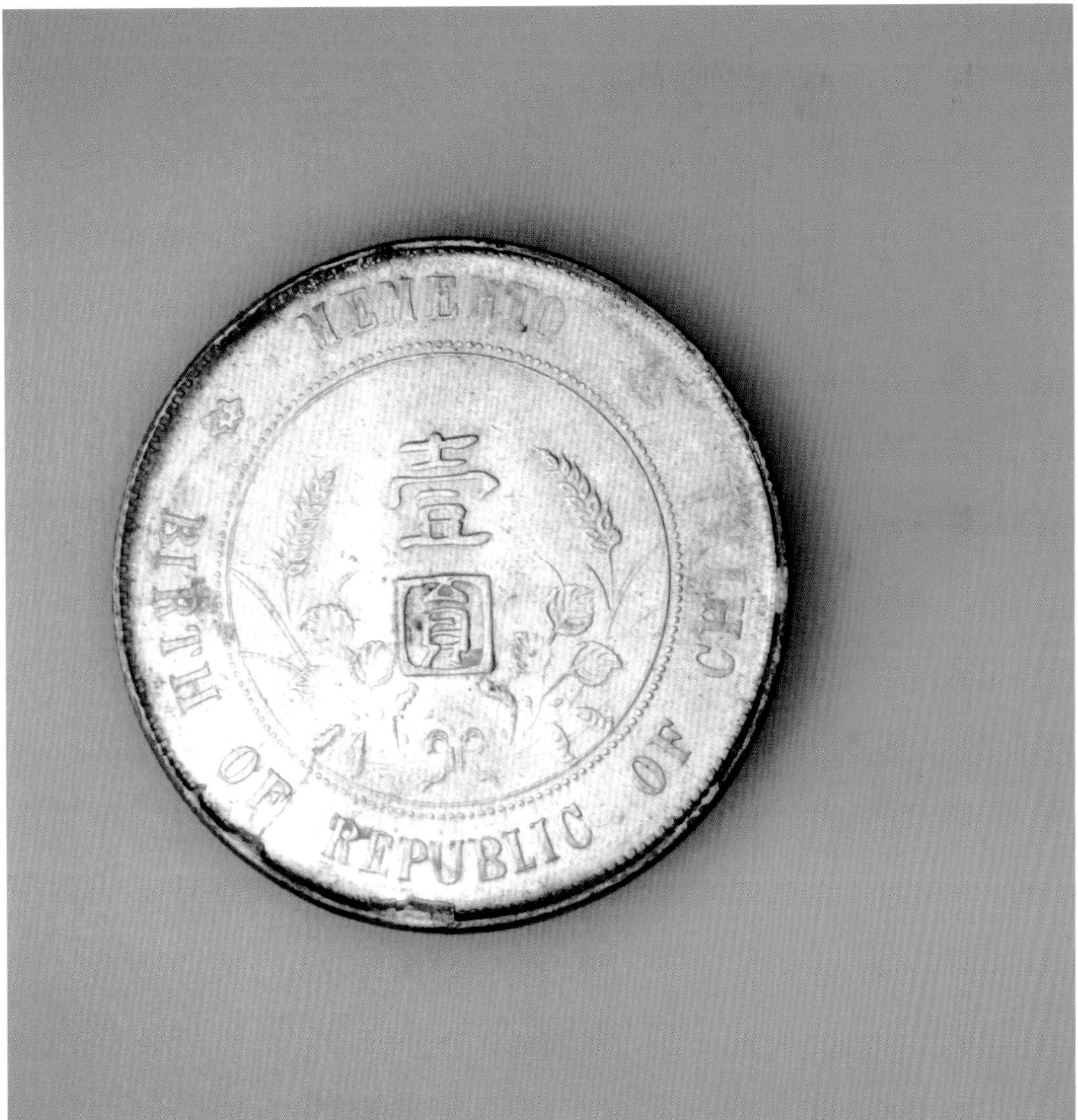
MEMENTO
BIRTH OF REPUBLIC OF
壹
圓

中华民国开国纪念币
　　直径39毫米　重量26.8克

中华民国开国纪念币
　　直径39毫米　重量26.8克

中华民国开国纪念币
　　直径39毫米　重量26.8克

中华民国开国纪念币
　　直径39毫米　重量26.8克

中华民国开国纪念币
　　直径39毫米　重量26.8克

中华民国开国纪念币
　　直径39毫米　重量26.8克

中华民国开国纪念币
　　直径39毫米　重量26.8克

中华民国开国纪念币
　　直径39毫米　重量26.8克

下篇　收藏投资

中华民国开国纪念币
　　直径39毫米　重量26.8克

中华民国开国纪念币
　　直径39毫米　重量26.8克

中华民国开国纪念币
直径39毫米 重量26.8克

中华民国开国纪念币
直径39毫米 重量26.8克

民国二十三年孙中山像帆船银元
直径39毫米　重量26.8克

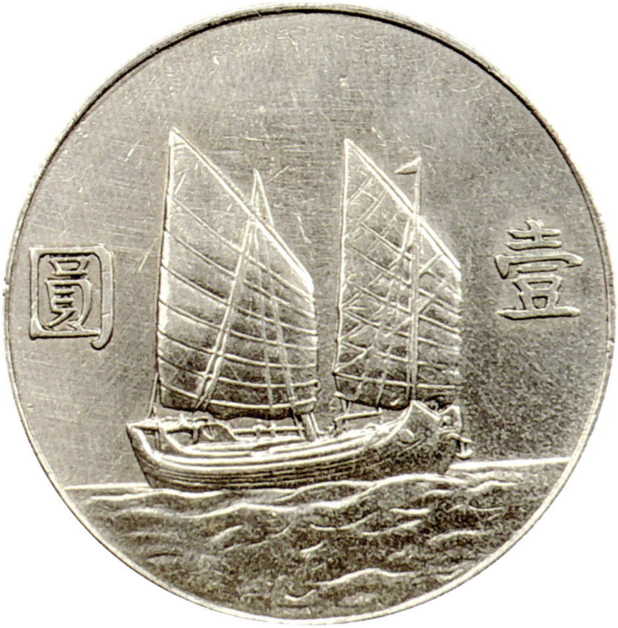
圓
壹

民国二十三年孙中山像帆船银元
　　直径39毫米　重量26.8克

民国二十三年孙中山像帆船银元
　　直径39毫米　重量26.8克

民国二十三年孙中山像帆船银元
直径39毫米 重量26.8克

民国二十三年孙中山像帆船银元
直径39毫米　重量26.8克

民国二十三年孙中山像帆船银元
　　直径39毫米　重量26.8克

民国二十五年孙中山像银元

中华民国开国纪念币

民国九年鄂造袁世凯像二角银元

2. "袁大头"系列银元

1912年3月，由南京造币厂为袁世凯就任临时大总统而铸造的袁世凯开国纪念银元。之后，又大量铸造并发行了袁大头民国二年、三年、五年、八年、九年、十年等年份的银元，而且此系列银元的币值分别有一元、中（1/2）圆、两角、一角。除此之外，还有"袁世凯七分面银元""袁世凯像纪念银元""洪宪纪元银元"等，由于它们的市价较高，它们也是收藏者所苦苦追寻的对象。

3. 军阀等人物系列银元

民国时期，由于地方军阀各自为政，凡是有点势力且在民国政府身居要职的，就铸造币面是自己像的银元，即所谓的人物币，成为他们身份地位的标志，主要赠送他人，未作为货币用于流通。这些人物币有"临时副总统黎元洪开国纪念银元""军务院抚军长唐继尧拥护共和纪念银元""徐世昌仁寿同登纪念银元""安庆都督倪嗣冲纪念银元""曹锟像纪念银元""段祺瑞执政纪念银元""褚玉朴督军纪念银元""陆荣廷纪念银元""张作霖纪念银元"等。这些人物纪念币大部分所铸造的数量很少，所以市价也较之要高些，有的身价可达万元之上。

民国五年造袁世凯像一角银元

民国五年造袁世凯像二角银元

民国三年造袁世凯像一角银元

民国三年造袁世凯像一角银元

民国三年造袁世凯像一圆银元
直径39毫米 重量26.8克

民国三年造袁世凯像一圆银元
直径39毫米 重量26.8克

民国三年造袁世凯像一圆银元
　　直径39毫米　重量26.8克

民国三年造袁世凯像一圆银元
　　直径39毫米　重量26.8克

民国三年造袁世凯像一圆银元
　　直径39毫米　重量26.8克

民国三年造袁世凯像一圆银元
　　直径39毫米　重量26.8克

民国三年造袁世凯像一圆银元
　　直径39毫米　重量26.8克

民国三年造袁世凯像一圆银元
直径39毫米 重量26.8克

民国三年造袁世凯像一圆银元
　　直径39毫米　重量26.8克

民国三年造袁世凯像一圆银元
　　直径39毫米　重量26.8克

民国九年造袁世凯像一圆银元

民国九年造袁世凯像一圆银元
直径39毫米　重量26.8克

民国十年造袁世凯像一圆银元
直径39毫米 重量26.8克

军务院抚军长唐纪念币

军务院抚军长唐纪念币

军务院抚军长唐纪念币

下篇　收藏投资

民国十年造袁世凯像一圆银元
直径39毫米 重量26.8克

军务院抚军长唐纪念币

军务院抚军长唐纪念币

民国五年广西都督陆荣廷纪念币

4. 事件纪年银元

除人物币外，还铸有事件纪念币，如"黄花岗纪年银元""湖南省宪成立纪年银元""革命军北伐胜利纪念银元""革命军东路总指挥入闽纪念银元"等。这些银元要比人物币所铸的数量要大，所以其市价较之要低些，通常情况下大约在几十元到几百元左右。

5. 辅币系列银元

银辅币的种类繁多，而且不同省份各不相同，年号也是各色斑斓，面值更是五花八门，有些辅币还有多种版别。银辅币的面值一般有四种，分别是两角、一角、两毫和一毫，且每种又有多种年号的版别。比如，广东省两毫银元有民国元年、民国二年、民国三年、民国四年、民国七年、民国八年、民国九年、民国十年、民国十一年、民国十二年、民国十三年不同年号的版别。通常情况来说，银辅币和一元银元相比，其市价要便宜很多。

广西、广东、福建、浙江、新疆等省份都曾铸造过辅币。

此外，中华苏维埃银元的种类也极为丰富，从币面的图案来说，就有五星带镰刀斧头图、地球带镰刀斧头图、麦穗图、列宁头像；从币文上看，有中文、外文，还有年号和标语口号诸如此类的文字；该币有两种币值，分别是一元和两角；其铸造单位也颇多，有埃闽浙赣省、川陕省、位于瑞金的中华苏维埃共和国、鄂豫皖省苏维埃政府等。

苏维埃银元现存世数量极少，好多银元堪称珍稀品，如"中华苏维埃共和国五年一元"银元、"闽浙赣省一元"银元、"川陕省1933年一元"银元、"1931年平江县苏维埃政府一元"银元、"鄂西北列宁像一元"银元等，都堪称稀世之宝。

附录

附一　银元收兑标准

根据中国人民银行（53）总银机私字第1418号文件规定：银元标准一般原重量达到26.56克，成色达到88％，但为照顾各地鉴定条件，简化收兑手续，任何银元，包括经过水洗、火烧、磨损、凿字、打眼和焊环的在内，凡实际重量不低于25.63克，成色不低于84％者，不分重量与成色，合于银元标准者，照银元收兑，不合于银元标准者，依其含银量按白银收兑。

1. 各版中华苏维埃银元不分重量、成色高低，只要不是伪造者，一律按银元收兑。

2. 在目前标准合法行使银元的少数民族地区，为尊重少数民族习惯，凡与一般合于银元标准之银元等价流通者，一律按银元收兑。

3. 各种版"一两"（31.25克）银元，一律依含银量按白银收兑。

4. 四川"汉"字币，云南"光绪元宝"币及台湾地区所铸各种新版银元，各地可根据鉴定条件，在以下两种办法中任择一种执行。①逐枚鉴定，凡合于银元标准的按银元收兑，不合银元标准的依其实含银量按白银收兑或一律按18.75克收兑（指不合于银元标准的）。②不逐枚鉴定，一律按18.75克白银收兑。

附二 银元演变沿革表

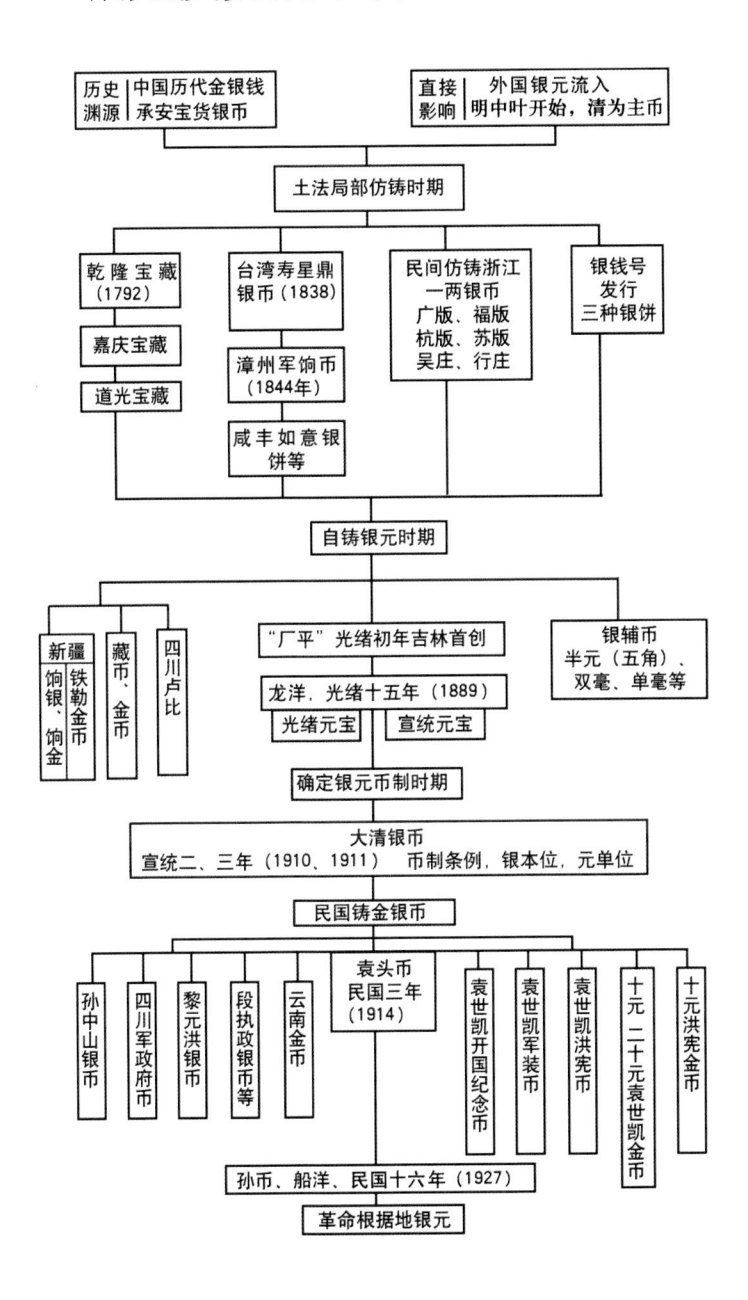

```
历史渊源：中国历代金银钱承安宝货银币
直接影响：外国银元流入 明中叶开始，清为主币
          ↓
      土法局部仿铸时期
   ┌─────┬─────┬─────┬─────┐
乾隆宝藏  台湾寿星鼎  民间仿铸浙江  银钱号
(1792)   银币(1838)  一两银币     发行
  │        │       广版、福版    三种银饼
嘉庆宝藏  漳州军饷币  杭版、苏版
  │      (1844年)   吴庄、行庄
道光宝藏    │
         咸丰如意银
         饼等
          ↓
       自铸银元时期
   ┌─────┬────┬──────────┬──────┐
新疆饷   藏币、  四川  "厂平"光绪初年  银辅币
铁勒金   金币   卢比  吉林首创        半元（五角）、
币、饷银、              │             双毫、单毫等
饷金                龙洋，光绪十五年(1889)
                  ┌───┴───┐
                光绪元宝 宣统元宝
                    ↓
              确定银元币制时期
                大清银币
     宣统二、三年(1910、1911) 币制条例，银本位，元单位
                    ↓
               民国铸金银币
   ┌────┬────┬────┬────┬────┬────┬────┬────┬────┬────┐
孙中山 四川军 黎元洪 段执政 云南  袁头币  袁世凯 袁世凯 袁世凯 十元    十元
银币   政府币 银币  银币等 金币  民国三年 开国纪 军装币 洪宪币 二十元  洪宪
                           (1914) 念币                袁世凯  金币
                             ↓                       金币
              孙币、船洋、民国十六年(1927)
                    ↓
              革命根据地银元
```

477

附三　各种银元成色重量比较表

	银元名称	铸造年代	重量/库平两	成色/%	每枚含银/两
甲、一元银元	广东龙洋	光绪十五年（1889）	0.7245	902.700	0.6540
	湖北龙洋	光绪二十一年（1895）	0.7226	903.703	0.6580
		宣统	0.7261	901.697	0.6547
	江南龙洋	光绪二十四年（1898）	0.7246	902.307	0.6588
		光绪二十八年（1902）	0.7074	902.700	0.6886
	四川龙洋	光绪	0.7179	896.682	0.6487
	安徽龙洋	光绪二十四年（1898）	0.7289	894.676	0.6477
	天津造币厂总厂				
	银元	光绪	0.7029	904.527	0.6521
	北洋银元	光绪二十三年（1897）	0.7396	890.000	0.6582
	北洋机器局银元	光绪二十四年（1898）	0.7289	890.664	0.6492
	奉天机器局银元	光绪二十五年（1899）	0.7247	856.562	0.6207
	奉天银元	光绪二十九年（1903）	0.7056	844.526	0.5959

续表

	银元名称	铸造年代	重量/库平两	成色/%	每枚含银/两
乙、银辅币	东三省银元	光绪三十三年（1907）	0.7199	890.066	0.6400
	吉林银元	光绪二十六年（1900）	0.6988	884.059	0.6178
		光绪三十一年（1905）	0.6977	895.679	0.6249
	袁世凯像币	民国三年（1914）	414.73厘	890.000	369.11两
		民国八年（1919）	413.87厘	890.000	367.90
		民国九年（1920）	413.99厘	890.000	868.85
		民国十年（1921）	414.66厘	890.000	869.05
	孙币（船洋）	民国十六年（1927）后、宁厂		888.800	
		又民国十六年（1927）后、杭厂		890.500	
		又（平均数）	26.8641克	888.890	23.9024808两
		民国二十二年（1933）	26.6971克	880.000	23.498448两
	广东双毫	光绪	0.1433	804.000	0.1152（两）
	广东单毫	光绪	0.0715	770.835	0.0551
	东三省二角	光绪三十三年（1907）	0.1468	890.064	0.1307
	东三省一角	光绪三十三年（1907）	0.0693	893.088	0.0619

附四　清末货币结构分析图

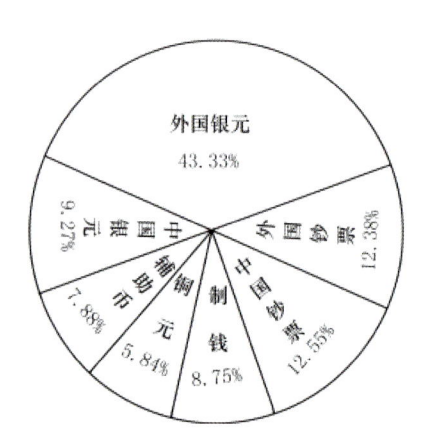

饼图数据：
- 外国银元 43.33%
- 外国纸票 12.38%
- 中国钞票 12.55%
- 制钱 8.75%
- 铜元 5.84%
- 辅助币 7.88%
- 中国银元 9.27%

中外势力对比分析	币材分析	其性质分析
外国：65.71%	金属币：75.07%	封建主义：8.75%
中国：44.29%	纸币：24.93%	资本主义：91.25%

附五　银元的重量及成色

自清朝至民国时期，因为封建割据及军阀各自为政，各地纷纷设厂自铸银元。而全国衡制又没有统一，加上各种伪造银元混迹市场，导致银元的版别、重量、成色不统一。现根据中国人民银行总行1952年编印的《银元图说》摘录常见的银元，列表于下，仅供银元收藏投资爱好者参考。

一　本国银元

（一）清代统治时代银元

银元名称		重量		成色（%）
		市（小）两	克	
1. 光绪元宝	广东省造1890年版	0.8488	26.53	89（鉴定）
	湖北省造1896年版	0.8605	26.89	89（鉴定）
	江南造1897年版	0.8560	26.75	89（鉴定）
	北洋机器局造1897年版	0.8637	26.96	88（鉴定）
	安徽省造1898年版	0.8614	26.72	89（鉴定）
	吉林省造1898年版	0.8442	26.38	88（鉴定）

银元名称		重量		成色（%）
		市（小）两	克	
1. 光绪元宝	北洋造1899年版	0.8608	29.90	89.25（化验）
	奉天省机器局造1899年版	0.8563	26.76	88（鉴定）
	东三省造1907年版	0.8531	26.66	88（鉴定）
	云南省造1907年版	0.8568	26.78	62.475（化验）
	天津造币总厂造1908年版	0.8528	26.65	90.737（化验）
2. 大清银元（宣统）		0.8511	26.60	90.142（化验）
3. 宣统元宝	广东省造	0.8483	26.51	90.142（化验）
	湖北省造	0.8475	26.48	89.845（化验）
	云南省造	0.8598	26.89	88.655（化验）
4. 大清一两币		1.1811	36.91	90.737（化验）

（二）北洋军阀统治时期银元

银元名称		重量		成色（%）
		市（小）两	克	
1.袁头银元	1914年版	0.8639	27.00	89（鉴定）
	1914年新版	0.8496	26.55	88.2（鉴定）
	1919年版	0.8550	26.72	88.2（鉴定）
	1920年版	0.8512	26.60	88.5（鉴定）
	1921年版	0.8627	26.96	88.5（鉴定）
	1914年版（甘肃造）	0.8510	26.60	82（鉴定）
2.袁世凯共和国纪念币		0.8621	26.94	90.142（化验）
3.袁世凯洪宪币		0.8576	26.80	89.252（化验）
4.洪宪元年开国纪念币		0.8554	26.73	95（鉴定）
5.黎元洪戎装开国纪念币		0.8448	26.40	89（化验）
6.黎元洪光头开国纪念币		0.8640	27.00	90.44（鉴定）
7.徐世昌纪念币		0.8627	26.96	88.655（化验）

银元名称	重量 市(小)两	克	成色%
8.曹锟纪念币	0.8571	26.78	89.25(化验)
9.段祺瑞执政纪念币	0.8587	26.83	88.655(化验)
10.四川汉字币	0.8237	25.74	88.655(化验)

(三)国民党统治时期银元

银元名称		重量 市(小)两	克	成色(%)
1.孙头银元	①江苏省造	0.8643	27.01	8(鉴定)
	②甘肃省造	0.8563	26.76	82.113(化验)
2.孙船银元	1929年版	0.8608	26.90	89(鉴定)
	1932年版	0.8537	26.68	88.047(化验)
	1933年版	0.8522	26.66	86.5(鉴定)
	国民党在台铸袁头银元(九年)	0.8458	26.43	85(鉴定)
	国民党在台铸孙头银元	0.8520	26.62	84.5(鉴定)
	国民党在台铸孙船银元	0.8557	26.74	86(鉴定)

（四）中华苏维埃银元

银元名称	重量 市（小）两	重量 克	成色 %
1.中华苏维埃共和国币	0.8496	26.55	95（鉴定）
2.中国苏维埃共和国币	0.9882	30.38	88（鉴定）
3.平江县苏维埃币	0.8694	27.17	92（鉴定）
4.1932年造苏维埃币	0.7837	24.49	87.462（化验）
5.鄂豫皖省苏维埃币	0.8698	27.18	88（鉴定）
6.中华苏维埃共和国国币（川陕）	0.8336	26.05	

（五）香港"站人"

银元名称	重量 市（小）两	重量 克	成色 %
香港"站人"	0.8528	26.65	74.97（鉴定）

二　外国银元

银元名称	重量 市（小）两	重量 克	成色（%）
1.西班牙银元	0.8512	26.60	89%
2.墨西哥银元（旧版）	0.8621	26.94	90%
3.墨西哥银元（新版）	0.8659	27.06	89%
4.站人银元	0.8576	26.80	90.44%
5.美国贸易银元1873年版（一枝花）	0.8711	27.22	90%
6.法属安南银元	0.8711	27.22	90%
7.日本龙洋明治三年币	0.8619	26.93	89.74%

附六　名词术语

银两

银两是中国古代的称量货币，要检验其成色，称定其重量，确定其价值后，才能充当货币使用。它的形制与规格，因为时代的不同而不同，品种主要有棒（铤）、圆饼形、扁平（铤）、马蹄形、船形、秤锤形等形状。宋以前多称为铤，宋时改称为锭，元以后总称为元宝。

本洋

又叫佛头银元，即西班牙银元，币面都铸有西班牙皇帝头像，是西班牙在墨西哥铸造的，曾一度盛行于长江中下游各省及河北、广东、福建等省份。

鹰洋

原名墨西哥银元（Mexican Dollar），因币面鹰图案而得名，误为英洋或正英，又称墨西哥银元，1854年流入中国，迅速扩展至内地。

台湾寿星币

道光十八年（1838）在台湾仿本洋铸造，币面有寿星像，左右两边分别篆书"道光年铸足纹银元",寿星像之下有"库平柒式"字样,背铸有一鼎,另有"台湾府铸"四个满文字。

漳州军饷币

以钱面镌有"漳州军饷币"五字得名。道光二十四年（1844）在福建漳州铸造,重七钱四分,不久减重15%。

西藏银元

清廷为了适应局部地区长期使用银钱的习惯,于乾隆五十七年（1792）由政府批准,官督商办,在西藏铸造"乾隆宝藏",又叫"西藏银元"。计三品:大者重一钱五分,中者重一钱,小者重五分,以中者铸造最多,成色都较高,限西藏使用。钱的正面铸汉文"乾隆宝藏",背面铸唐古忒文"乾隆宝藏"字样,边廓刻有年份,全用纹银铸造。

龙洋

系光绪十五年（1889）两广总督张之洞在广东设造币厂所铸造的银元。币面中央是汉文"光绪元宝"四字,周围为"广东省库平七钱三分"九个汉字,后改为七钱二分,比当时流行的鹰洋重一分五厘;背面为蟠龙花纹及英文。通称"龙洋"。

英国贸易银元

1895—1935年，英国在印度连续多年发行东方贸易银元，币面用英文、中文、马来文标注"一元"，我国俗称"站人洋"。正面为丁字不断头的花边，中有一站人，右手持杖，左手扶轮。背面为丁字不断头的花边，中为如意回纹图，图内有"一元"二字。

美国贸易银元

美国贸易银元，俗称"一枝花"。正面镌有一坐形女人（自由神），左手高举一枝花，周围有13颗六角星。背面为展翅雄鹰，爪握三支箭及一枝花，周围有英文字。此币于1873年开始铸造，供各国贸易使用。该银元铸造重量为27.22克，成色为90%，于1877年10月停铸，于1887年3月被下令收回。因为其成色较高，所以很多都被中国银炉熔化。

安南银元

该币正面为一坐形女人，头戴七角形帽，右手扶桩，人的两旁为法国文字。背面有花环，环之内外均有法文。此币于1885年制造，目的是抵制墨西哥银元和美国贸易银元。由于成色较高，重量为27.22克，几乎不流通于市，被熔化及藏匿的有很多。

站洋

秘鲁是生产金银元较多的国家。1821年独立之前所发行的硬币全部为金、银元，其中包括与墨西哥银元相同或相近的双柱银元。1821年独立后，发行了秘鲁银元。此币将银元正面国王头像改为自由女神立像。背面为盾徽，四周文字为秘鲁国名。其中8瑞尔银元在我国流传较多，俗称"站洋"。

废币

废币，是指银元在铸造过程中，由于制作工艺上的原因造成成色不足、质量没有达到规定的要求，或者是在使用过程中造成损伤，或者人为进行破坏，造成废残银元。

伪币

伪币，是指不法分子以低价金属仿造的银元。它与废币有着本质上的区别。

炉底

炉底，是指由铸造将完的底脚银铸成的银元。其银质不如初铸时那样镕和。但是这种银元的位置、文字、花纹图案、大小等与好银元没有什么区别。唯独粗糙凹凸，神色或黄或白，必须贴水才能上市流通。

烂版

烂版，一般是指银元版面受到硬伤者。在银元流通的年代，由于伪造银元充斥市场，一种俗称"小钱庄"的银元检验机构便应运而生。凡经小钱庄估看验明后的真品，必敲上硬印作为记号。一块银元如屡经敲击，硬印布满币面，即成烂版，声也变木，版也粗糙不堪。但在广东一带，银元硬印越多越受欢迎，人们以为这种屡经验证的银元肯定是真品。另外，银元在地下埋藏过久，而版面受外力侵蚀，致有霉烂现象，也被称谓烂版，这类银元的特点是图案文字一般会变为黑色。

圈土

圈土，又名生银版，这种银元是由熔炼不足造成的，但根本原因还在于铜的成分比普通银元多，大约可占到20%～30%，银可占70%～80%。因此，这种银元的底面十分光滑，一股青白之气浮于表面。以鹰洋为例，两图形式显出一种特别神气：鸟羽散漫带刚，形如芦花；西文藤纹比较简净，声音较尖。

锉边

锉边，是指不法之徒将银元的周边锉去少许，以达到牟利的目的。这种银元多为本国银元，尤其是北洋，边直且边圈较阔，锉去三四分后，仍然可与中图无碍，仅觉版子形状稍小而已。这种银元的声音与没有锉过边的银元相同。

药水币

药水币，是指不法之徒用化学侵蚀银元的方法，窃取银元的银后的银元。方法一般是将银元浸入镪水内，约二三分钟后取出，放入清水中洗净。其银质即被剥去二三分。最后再将镪水中的银予以还原。药水币大多为国内自铸银元。因为这种银元的银色浮松，色本泛白，与药水相近，剥蚀后形色变化不甚大。而鹰洋等外币银色结炼，花纹细浅，镪水剥蚀后变化较大，流用不易。

新制假银元

新制假银元，是目前少数投机商人和不法分子以铜和其他合金配制的不含白银成分的假银元。其特征是：图案模糊不清晰，字体花纹粗细不正常；版面有的呈暗灰色，有的呈褐黄色，有的呈灰黑色等等；声音有的发尖，有的发哑，有声无韵；重量轻，一般都在25克以下，有的重量超过26.5克，但其体积版面的厚度或直径要超过正常银元的标准。

锥银检验法

所谓锥银检验法，是指用一刀口为三角状、极为锋利的锥子，锥刺币面，以探真伪。其落点是币面可疑之处，并且刺得要深，方可无误。这种方法对于包皮银、铜镶银等伪币十分有效。

听声音

听声音，是指利用银元相互敲击时，听其发出的声音来鉴别银元的优劣真伪。它是鉴别银元的主要方法。

看外形

看外形，是指认真仔细地查看银元的颜色、图案花纹字体和尺寸大小厚薄等是否与标准银元相同。

称重量

称重量，是鉴别不够标准的银元和假银元的基本方法之一。主要用手掂或用称称其重量是否正常。正常银元标准重量为26.5克，成色为88%，体积则与同体积白银差距不大。

定成色

定成色，是指对不符合标准的银元进行成色鉴定。可采用鉴定白银成色的方法鉴定，以硝酸点试、硝酸盐水点试和银对牌与试金石等方法确定其成色。

参考书目

1、王震.金银元钞的鉴别与防伪［M］.苏州：苏州大学出版社，1998.

2、张国英.银元鉴赏与收藏［M］.上海：汉语大词典出版社，2003.

3、徐蜀，陈汉燕，徐雷.银元的收藏与鉴定［M］.北京：国际文化出版公司，1993.

4、史松霖.钱币学纲要［M］.上海：上海古籍出版社，1995.

5、李重.中国货币研究与鉴赏［M］.长春：吉林拍摄影出版社，1998.

6、陈晓启.中国金银珐琅器收藏与鉴赏全书［M］.天津：天津古籍出版社，2005.

7、陈云林.馆藏民国台湾档案汇编·第六册［M］.北京：九州出版社，2007.

8、华光普.全彩中国银元目录［M］.北京：华龄出版社，2007.

9、谢天宇.中国钱币收藏与鉴赏全书［M］.天津：天津古籍出版社，2005.

10、熊志然.中国银元精华［M］.武汉：湖北人民出版社，2005.

11、倪洪林.银元鉴赏及收藏［M］.哈尔滨：北方文艺出版社，2005.

12、张永华.中国银元辞典［M］.杭州：浙江人民出版社，1998.

13、林国明，马德和.新疆金银元图说［M］.北京：中国社会科学出版社，1994.

14、本社.实用收藏大全［M］.上海：上海古籍出版社，1999.

15、张志中.中国金银元［M］.天津：天津古籍出版社，1994.

16、张建超，杨金盛.黄金·白银·银元真伪鉴别［M］.成都：西南财经大学出版社，2001.

17、谢天宇.中国古玩收藏与鉴赏全书［M］.天津：天津古籍出版社，2004.

18、马飞海.中国历代货币大系·8·清民国银锭银元铜元［M］.上海：上海书店出版社，1998.

19、张永华.中国银元珍品图录［M］.杭州：浙江大学出版社，1997.

20、刘文叔.银圆鉴别法［M］.上海：上海大东书局，1925.

21、彭信威.中国货币史［M］.上海：上海人民出版社，1965.

后　记

本书从选题策划到完稿，期间经历了3年多，在作者、策划者和广大银元收藏爱好者的共同努力下，付梓出版了。在此，特向一直关心本书进度的各界朋友致以衷心的感谢。

本书在撰写过程中，得到了湖北省博物馆、贵州省博物馆、四川省博物馆、天津市文物商店、钱币天堂网站等相关专业人士的大力支持和协助，由于人员较多，恕不在此一一列出，对于他们的无私帮助，表示诚挚的谢意。

我虽出身于文博系统，收藏银元多年，也发表了一些关于银元收藏心得体会的小块文章，但是真正要让我独立完成像本书这样深入浅出的适合不同层次读者的作品，还是显得力不从心，很多方面往往是心有余而力不足。庆幸的是，我得到了本书策划人员和广大银元收藏爱好者无私的支持与持续的鼓励，历经3年多，数易书稿，不断吸收和补充新的交易信息和研究资料，终于完成今天大家所看到的这本书稿。真心地希望广大读者朋友能够通过阅读本书，了解和掌握银元收藏与投资中相关专业的实用知识，能够从银元收藏中获得更多的欣赏乐趣和丰厚利润，如果真能如作者所愿，作者将感到无比欣慰。

特别向为本书提供了大量图片的段洪刚先生表示衷心的感谢，这些图片使本书更臻完善。最后，需要说明的是：由于本书内容较多，加上作者水平有限，书中的错谬之处，还请广大读者朋友和广大方家批评指正；同时，希望本书的出版能够起到抛砖引玉的作用，为广大银元收藏者和从事银元研究工作的专业人士带来便利。谢谢！

作 者

2024年1月